The Beginning Runner's Handbook

我想開始去跑步

跑步1年級生的13週訓練提案

伊恩‧麥克尼爾（IAN MACNEILL）‧英屬哥倫比亞運動醫學協會◎著
艾莉森‧克里斯特（Alison Cristall）與 琳達‧卡內爾（Lynda Cannell）修訂
王琇瑩◎譯

CONTENTS

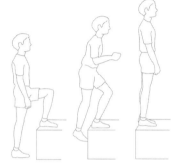

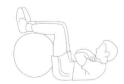

一條通往健康的快意途徑　　序

　　不論我們是在路上開車或在公園裡散步，幾乎都不可能忽視那些將跑步當作維持或促進身體健康之道的人。跑步變得廣受歡迎，不僅因為它只需要少量的裝備且可以在任何地點進行，更因為它被證實能夠降低心臟病、高血壓、糖尿病、肥胖症和憂鬱症的風險。大家都知道規律的運動能夠延長積極與自立的生活，而我們每週只需要花幾個小時就能得到這些好處。難怪成千上萬的人會覺得跑步是理想的健身運動和提升體適能的絕佳方法。

　　這本書專為需要健康資訊的新手跑者量身打造。跑步看似簡單，以至於許多人認為成功易如反掌；新手跑者更經常因為太密集和太頻繁的訓練而受傷。簡單來說，許多人誤認為運動量愈大愈好，但過量的奔跑將對身體造成傷害。本書溫和的13週走跑訓練計畫和專家的指導，為有抱負的跑者提供了他達成目標所需的一切基本知識——不論他的目的是長遠的身體健康，或是為了準備10公里路跑——並將運動傷害的風險減至最低。

　　身為一個前任奧運選手，以及在過去55年來擔任無數奧運選手的教練，我對跑步本身的價值深信不疑。然而做為一個運動醫學專家，我發現超過50萬個來到我的診所就診的病人都是跑步選手。如果他們遵照本書的訓練計畫執行跑步訓練，或許就不太需要尋求醫學治療。

這本書提供新手跑者最簡明扼要的資訊。做爲一條通往健康的健身習慣與快意人生的途徑，我將它推薦給所有讀者。

　　　　　　　　　　　　　　　　　　　伊恩・麥克尼爾

跑步教你認識自己，超越門檻　

　　這本書專為新手跑者量身訂做。它專門用來回答你在起步時可能會遇到的實用問題。它將告訴你如何避免肌肉痠痛和運動傷害；它也將提出關於自我激勵的建議並幫助你設定實際且可達成的目標。最重要的是，它將提供新手成功的訣竅，即一個靠得住的訓練計畫。

　　這本書的精華是SportMedBC（英屬哥倫比亞運動醫學協會）根據全球最受歡迎的10公里路跑——溫哥華太陽長跑（Vancouver Sun Run）——所發展出來的13週訓練計畫。相較於如今一年吸引超過5萬名跑者和健走者的盛況，溫哥華太陽長跑計畫於1983年創始時是個並不起眼的活動。隨著這個活動的規模開始擴大，主辦者注意到與跑步相關的運動傷害發生頻率也隨之增加。因為跑者中有大量新手，而許多人並沒有受過適當的訓練或為路跑做好妥善的準備。他們往往在受傷之後才學到安全跑完全程所需採取的必要措施。

　　賽前得到專家的建議，將令許多參加者獲益良多。

　　本書的13週訓練計畫最初由運動醫學科醫師，同時也是加拿大國家隊前任跑步教練和英屬哥倫比亞大學亞倫·麥卡文運動醫學中心（Allan McGavin Sports Medicine Centre）退休主任道格·克萊門特博士（Dr. Doug Clement）所構思。在歷經數年不斷治療因跑步引起的傷患後，他決定設計一套新手跑者可以遵循並從中獲益的訓練計畫。這個

任務很簡單：發展一套穿插走路和慢跑或跑步的分級計畫以幫助人們養成強健的身體，並在不受傷的前提下以跑步、走路或慢跑等方式完成一趟十公里的路程。

1996年這套13週走跑訓練計畫成為SportMedBC所創立並管理的社區跑步課程遵循的準則。這類課程可以在地方活動中心、健身俱樂部或是YMCA／YWCA找到。雖然這套計畫的基本原則大致上維持一致（走路穿插慢跑或跑步），但每個訓練階段都經過精心的微調。原本的訓練計畫在過去五年來根據超過7萬5,000名使用者的現實生活經驗而做出修正。受診療者當中有些人表示，遵照這套計畫使他們獲得前所未有最有意義、改變一生的經驗。在他們的見證驅使之下，我們決定將這套訓練計畫介紹給更廣大的讀者。從那時候開始，全球成千上萬的跑者便在這本《我想開始去跑步》的協助之下達成了他們的跑步目標。

這套計畫已經被那些一開始曾感到害怕，但仍頑強地設定目標並堅持達成的跑者證實有效。這本書包含了他們之中許多人的第一手資料──敘述著他們經歷的挑戰、挫折、成功和失敗。它也包含了來自各界專家的指導；這些專家分別來自營養學、運動醫學、運動科學、心理學和教練學等領域。此外還有奧運田徑選手和走跑教練琳‧可努

卡（Lynn Kanuka）的跑步要訣。

　　無論你跑步是為了減重、紓壓、戒菸、降低膽固醇、認識新朋友或只想要讓體態更美好，這本書都會幫助你達成目標。你將學到如何正確地開始進行鍛鍊計畫，而你也將從他人的錯誤和成功中學習。最棒的是，一旦你開始執行這套計畫，你將能夠時時回顧這本書，重新檢視特定章節以從中獲得鼓勵、建議和後援；擁有這本書就像雇用了一位專屬的私人跑步教練。如果你使用日誌（我們強烈建議你這麼做），這本書亦有助於永久記錄你的成績。（關於SportMedBC針對完成這個計畫所設計的13週訓練日誌的相關資訊，請見本書〈引用來源和參考資料〉。）

　　值得注意的一點是，當你快速翻閱這本書並瀏覽到訓練計畫的部分時，第一印象你可能會覺得我們的13週走跑訓練計畫過於簡單。或許你會納悶走路和成為跑者的訓練之間有什麼關聯。答案是你的骨骼、韌帶、肌腱和肌肉需要非常緩慢且漸進的增強來適應跑步運動，尤其當它們已經一段時間沒有經歷這樣的動作時更是如此，走路有助於它們準備好承受跑步所帶來的壓力。雖然你可能會渴望走出戶外逕自開始跑步或者搶先進度，你仍然應該依照計畫來做。成為跑者並非一蹴可幾，也沒有任何捷徑或是未洩漏的成功祕訣。這套13週訓練計畫需要你付出努力和相當程度的堅持。

　　然而，我們知道它是有效的。即使你無意站上起跑線，你仍可以考慮跟著這套計畫鍛鍊自己。13週過後你會感覺更好而且變得更健康。誰知道呢？或許你會成為終生跑者。

CHAPTER 1

為什麼要跑步？

跑步可以是一輩子的運動。只要保持良好的身體狀態，即使步入老年你的身體也不會出問題。

跑步是一項可以和朋友一起或獨自進行的運動。它不像網球、壁球、足球、曲棍球、籃球或飛盤一樣需要同伴。你不需要等待某人來跟你碰面，然後在他沒有出現的時候覺得計畫被耽擱。你可以熱身，跑個20分鐘，緩和，沖澡，然後繼續過這一天剩下的時間。

如果你選擇獨自跑步，它能給你生活中難得的東西：遠離一切並和自己的想法相處的時間。

在數十年前，跑步仍被視為怪人和傻瓜的運動；只有少數人認清它對健康的效益。雖然今天大家都認同體態良好的人較為健康並活得較久，我們仍需要一些精確的研究來證明這個論點。

闡明跑步的運動／健康效益的先驅之一是英國研究者莫瑞茲（Morris, J.N.）。他在1960年代研究倫敦的公車司機和車掌、郵差和郵局櫃檯內勤人員的患病率。他發現經常活動的車掌和郵差心臟病發的比例比久坐不動的司機和行員要低。此外，經歷心臟病發作的車掌和郵差通常得以存活，反之司機和行員往往難逃一死。

美國研究者羅夫・帕芬巴格（Paffenbarger, Ralph）在1968年進行了一項碼頭裝卸工人和碼頭辦公室員工健康狀況的小型研究比較。他的發現反映了莫瑞茲的研究結果：體態愈好的工人活得愈久。這仍然留下了一個重要的問題：為什麼？為了領會它的答案，你需要了解一些關於人類身體運作的知識。

氧氣的重要性

身體裡的每個活細胞都需要持續的供氧。氧氣經由肺進入血流，然後透過血管系統輸送到全身；其中最大的血管是靜脈和動脈，最小的是毛細血管。除了遺傳的健康因素外，體適能和飲食兩者皆會影響一個人的輸氧系統能否有效運作。

不幸的是，西方國家的人們不只久坐不動，他們的飲食往往含有大量的飽和脂肪。這類脂肪會進入血流並以脂肪瘀塊的形式停留在動脈壁的裂縫。時間一久這樣的瘀塊會逐漸增厚，最終將能阻礙充氧血流至身體的主要器官，如心臟、大腦和肌肉。當心臟缺氧就可能導致心絞痛。

心絞痛（它能帶來極大的痛苦）讓心臟瞬間揪起，直到再度獲得供氧後才恢復其原本的動力。然而如果供氧中斷持續的時間過久將導致心肌梗塞，或大家所熟知的心臟病發作。

另一個循環不良的結果是腦血栓；它將引起中風。輕微的中風會造成部分缺氧的大腦壞死，經常導致身體癱瘓或是失去某些功能；嚴重的中風則可能致命。

我們的肌肉也需要氧氣來進行所有的活動。一般來說，肌肉的運動量愈大，所需的氧氣就愈多。然而突然的能量激增，例如逃離灰熊所需的能量，則幾乎不需要任何氧氣就能產生；這是因為身體製造能量的方法不只一種的緣故。

有氧與無氧系統

「有氧」（aerobic）的意思是「在含有氧氣的情況下」。人在做走路、坐下、睡覺、吃東西、看電視或讀書等活動時，理想上，運動的時候身體皆以有氧代謝方式供應能量。（強調「理想上」是因為當身體以有氧代謝方式運作時，它能製造維持長時間活動所需的能量。）用最簡單的話說，就是當你呼吸的空氣和你吃下的食物一起讓你的肌肉活動時，你便是以有氧代謝方式產生能量；這道理和汽油與空氣一起讓汽車的引擎轉動類似。

有時候身體需要迅速地從事劇烈活動，例如你突然發現自己身陷母熊和牠的幼熊之間時，能幫助你脫逃。為了獲得任何逃離的機會，你必須在瞬間產生巨大的能量，此時便是你的無氧系統發揮作用的時候。就像字面上的意思，無氧（anaerobic）指的是「在缺氧的情況下」。和需要氧氣產生能量的有氧系統不同的是──無氧系統使用的

是儲存在肌肉內的燃料。

你的身體日復一日交互從有氧和無氧系統獲得所需的能量來源。當你活動愈激烈、身體對氧的需求超出它的供氧能力愈多，你的身體便愈常在無氧狀態下運作。這就是當你從事激烈運動的時候呼吸加速的原因：你的身體正試圖獲取更多珍貴的氧氣並持續以有氧狀態運作。

每個人，即使是受過嚴密訓練的運動員，在某些情況下亦以無氧的方式活動。舉例來說，當球賽上負責接傳球的接球員（wide receiver）衝刺到界線追球的時候，會用無氧的方式產生能量。然而當你的體適能獲得提升，你將提高你的「無氧閾值」（anaerobic threshold），即身體從有氧系統轉換成以無氧系統做為能量供應來源的臨界點。

需要提高無氧閾值的原因在於，當你主要從無氧來源獲得能量，你將無法長時間維持任何運動。依據不同體適能狀況，無氧的能量供應可以持續5到60秒不等，但這顯然不足以讓你跑過一個街區，更遑論10公里的路程。

跑者筆記

傑克

傑克於35年前開始跑步。當時他立志成為職業足球員，而跑步似乎是增進耐久力的絕佳方法。他參加了1972年第一屆的溫哥華馬拉松，成為僅僅32位勇敢（在當時看來可能是夠蠢）做這件事的人之一。他的足球夢終究褪色了，但他對跑步的熱愛卻持續。身為運動學醫生和大型大學運動醫學中心主任的傑克，無法想像一週沒有跑步的他將如何度日。如今已屆花甲之年的他已經完成60場馬拉松而且身體依然健壯。

延長身體進行有氧活動的時間，另一個原因是無氧運動期間身體會發生化學反應，使得活動中的肌肉產生乳酸（lactic acid）累積。研究者認為這項副產物是激烈運動後肌肉痠痛的原因。相同地，你的體適能狀況決定你的身體需要一天或是更久時間來分解並代謝乳酸。

運動後感到些微的僵硬和痠痛並不全然是件壞事；這是幫助你提升體適能過程中的一部分。這套13週走跑訓練計畫會緩慢地增加你對運動的耐受力，同時讓你的身體盡可能地進行有氧活動。在訓練自己的過程中，你會發現面對更大的運動量時，你的身體能夠更有效率地（即以有氧代謝方式）運作。

運動和健康

良好的體態如何使你更健康？

一個體態良好的人血管累積的脂肪瘀塊往往較體態不佳者要少，因此心臟病發作或中風的風險也較小。此外，運動的人一般而言能夠改善其循環系統功能。有一部分是透過使血管內皮更具有彈性，如此一來心臟就不需要費太多力氣將血液輸送到全身。即便血管有栓塞的情形，這些栓塞周圍的循環亦能夠獲得改善。（關於身體裡已經形成的脂肪瘀塊數量是否能確實減少仍存有爭議，但如果瘀塊周圍的循環能有所改善，那麼這個問題可說不具太大的實質意義。）

隨著時間過去，當你持續規律運動，你肌肉中的毛細血管（用來傳送營養和移除廢物的細小血管）和粒腺體（細胞內產生能量的顆粒）的數量會增加；這些粒腺體內的酵素會讓你的身體以有氧代謝方式供應能量。

運動會刺激身體分泌天然止痛劑 —— 腦內啡

真　　相

跑步對皮膚有益；它可以刺激循環，傳送養分並將廢物排出體外。結果產生較少的皮下脂肪和更潔淨的皮膚。

（endorphins）。腦內啡和嗎啡在結構上有極大的相似之處。有證據顯示，人們因為沉迷於腦內啡引起的愉悅感而對跑步上癮。這是多麼健康的一種沉迷！

適當的運動似乎也能強化免疫系統，顯然它是透過促進殺手T細胞的功能來達到這樣的效果。這些細胞就像免疫系統裡的工蟻；它們會在發現入侵者後一擁而上並將之消滅。（但要注意的是，如果你運動到身體徹底疲勞，實際上你可能削弱殺手T細胞的功能。在筋疲力竭的運動後，例如馬拉松過後24到48小時之內，你會較容易罹患上呼吸道系統感染，例如感冒。）

最後，運動能減少壓力。它透過加速身體代謝腎上腺壓力荷爾蒙（stress hormone adrenaline）達到這個效果。腎上腺素是一種好壞參半的物質，它能讓你度過危機，但腎上腺素釋放過量或停留在體內太久卻會令你衰弱。運動另一項潛在的好處是能夠更適當地調節體內的腎上腺素釋放量。

跑者筆記

荷莉

身為一名老師和兩個小孩的母親，荷莉從來不認為她有時間可以運動。在有小孩之前她是一名衝勁十足的跑者，但過去四年來她似乎全神貫注在家庭和工作上，從來沒有留些時間給自己。在意識到做出改變的必要之後，荷莉報名了 13 週走跑課程。起先她擔心無法一週跑步三次，但在和丈夫協調好育兒工作後，她便在小孩一上床後馬上去跑步。「做回自己的感覺真的很重要。為自己找藉口不要運動很容易，然而沒有任何事能像跑步那樣讓我再次精力充沛。我甚至覺得它讓我成為一個更好的母親。」

更多健身的原因

　　規律的運動爲採取更健康的生活方式——低脂飲食、適當休息、戒菸——提供了很大的誘因，因爲這麼做將令運動變得更容易且更愉快。

　　運動有助於控制體重。許多人會隨著年齡增加而變胖。有些人認爲這是因爲新陳代謝隨著年齡增加而變慢的緣故；其他人則認爲新陳代謝變慢唯一的原因是人們變老以後動得比較少。（話又說回來，有些人似乎從來不怎麼運動卻一輩子都維持苗條的體態。）可以確定的是，大多數的人發現規律的運動計畫結合健康的飲食習慣有助於降低多餘的體重。說到運動和飲食，固定運動的人還可以在生活中獲得一些額外的好處。即使體重對你來說不是問題，多做一點運動（也就是燃燒更多卡路里）可以讓你更有資格大啖那些你所熱愛的食物，而不用擔心腰圍和臀圍會增加。

　　體態良好的人擁有較佳的自我形象，一方面是因爲他們看起來自信多了，另一方面是因爲他們對自己的活動力較有信心。或許這是人們相信身強體健的人會成爲較好的情人的根據！

　　在任何情況下健身都會讓你的身體更強壯，然後你可以享受參與更廣泛的體能活動。如果你是那種當小孩提議到公園去踢球就心生恐懼的人，塑造良好的體態可以改善你自己和孩子的生活。活潑的父母會激發小孩較活躍的生活方式，這樣的影響不僅是在孩子還小的時候發揮作用，在他們往後的人生依然扮演重要的角色。

　　在老化的過程中保持活躍，是活得久又健康最強而有力的方法。耐力型運動（如跑步）經證實對大腦、皮膚、頭髮、生殖腺（卵巢和睪丸）、腎臟、脾臟和肝臟具有

真　　相

跑步能降低血壓和靜止心跳率（resting heart rate），並提高「好的」膽固醇含量。

抗老化效果。即使在65歲以後才開始，運動依然對人體有益。

跑步的樂趣

有氧運動能增加心率（heart rate），從而幫助改善心血管系統、避免心臟病並促進循環和肌肉張力（muscle tone）。它能供應你更多的能量，或許幫助你減重，或許讓你睡得更好；無疑地它會讓你的外表看起來更好並大大地提升自我感覺。然而為什麼要在所有的有氧運動中選擇跑步？

對新手來說，跑步是最便宜的運動之一。只要投資一雙好的跑鞋就萬事皆備了。拿這一點和高爾夫球、滑雪、曲棍球或甚至網球相較下：跑步不須支付高爾夫球場使用費、不需購買滑雪場纜車票，也不會磨穿球衣墊肩或耗損網球。

另外，跑步是一項容易入門的運動，只需要一雙好鞋、一點時間和充分的動機。跑步不受地點限制：有些人喜歡沿著繁忙的街道跑，有些人則喜歡在公園裡的林蔭小道上跑；有些人喜歡在黃昏的時候沿著海灘慢跑，有些人喜歡深夜跑在無人的摩天大樓之間。你可以獨自跑步，就像和一群人一起跑同樣自在。你也可以選擇具競爭力的路線並參加比賽，或用下半輩子的時間去追求個人目標，不用費心查看時間和距離，全然為了純粹的樂趣和其所帶來的益處而跑。

跑步可以是一輩子的運動。只要保持良好的身體狀態，即使步入老年你的身體也不會出問題。

跑步是一項可以和朋友一起或獨自進行的運動。它不像網球、壁球、足球、曲棍球、籃球或飛盤一樣需要同

伴。你不需要等待某人來跟你碰面，然後在他沒有出現的時候覺得計畫被耽擱。你可以熱身，跑個20分鐘，緩和，沖澡，然後繼續過這一天剩下的時間。

如果你選擇獨自跑步，它能給你生活中難得的東西：遠離一切並和自己的想法相處的時間。

如果你有一份忙碌的工作或一個正在擴大的家庭，有時候你可能會覺得喘不過氣來。每個人都需要一些獨處的時間，而這正是跑步可以給你的。

另外，跑步可以幫助你認識新朋友。如果你選擇加入

跑者筆記

保羅

當保羅將屆 **50** 歲的時候，他的生活急轉直下。「我患了類風濕性關節炎；突然之間，我的情緒崩潰了，」這位現年 **56** 歲的業務員這麼說。

深深擔心他的健康和福祉的醫生和心理醫師都建議他多做運動。於是保羅加入了健走俱樂部。此舉不但讓他動起來，而且也幫助他推翻了他為自己築起的心牆。在發現自己在健走隊裡遙遙領先之後給了他開始跑步的信心。不久之後運動的附加價值和更健康的生活方式開始滾滾而來。「跑步幫助我控制我的關節炎並賦予我從低潮中恢復的能量，它也幫助我停止疏遠他人。」

今天，保羅認為跑步是幫助維繫他的生活的那縷絲線。「發生在我身上的不幸有點像是一個警訊。我還想再多減一點體重和跑得再快一點，」他咯咯地笑著說，「但至少我沒有變得更胖，而且我現在已經跑得比開始跑步前還要快了。」

跑步團體，你將會遇到一些在其他場合可能從未遇過的人——生活中的其他興趣和你截然不同的人。醫生和碼頭工人一起跑，碼頭工人和空服員一起跑，空服員和作家一起跑，作家和工廠工人一起跑……等等。跑步的人彼此之間一視同仁。

跑步能教你認識自己。它可以讓你知道你的極限，並給你機會去超越它。如果你不斷地提高門檻，跑步會讓你強烈地感受到超越門檻乃是理所當然。跑步需要承諾、決心、渴望、努力和自我肯定。試想你的生活有多少其他的領域會因為你擁有這些特質而獲益。

檢查表提案

- ☐ 1. 13週走跑訓練計畫將緩慢地增加你的運動耐力（tolerance of exercise）。隨著你逐漸地訓練自己，你的身體將能在更大的運動量下以有氧代謝的方式運作。
- ☐ 2. 運動有助於降低心臟病發作或是中風的風險、強化免疫系統並減輕壓力。
- ☐ 3. 擁有良好的體適能有助於控制體重；最終顯示運動的人擁有較佳的自我形象。
- ☐ 4. 跑步是維持體態的絕佳方法；你需要的只是一雙跑鞋。
- ☐ 5. 你可以選擇單獨跑步或參加跑步團體。雖然堅持跑步計畫需要承諾和渴望，最終這樣的承諾將在你生活上的各個層面對你有所幫助。

CHAPTER **2**

開始跑步前，
先做準備

一旦你確定要開始執行運動計畫，現在該是記住運動三規則
的時候了：適度、連貫性和休息。它們是一些簡單的規則，
依此行事你會發現從久坐不動的生活轉換成充滿活力的人生
可以相當惬意，而非如地獄一般的痛苦鍛鍊。這也會對你在
避免運動傷害上大有幫助；運動傷害能讓你數月甚至數年累
積的成果功虧一簣。

大部分的人可以繫好鞋帶後就開始執行跑步計畫，不用擔心引起心臟病發作、加劇背痛或導致一些其他的醫療急難。然而，有一小部分的人在開始任何健身計畫之前，應該請教醫生是否要將跑步這項涵蓋其中。

有個決定你是否需要醫囑的方法，那就是接受體適能測驗。加拿大運動生理協會（Canadian Society for Exercise Physiology）發展了一套良好的範例，名為體能活動適應力問卷（Physical Activity Readiness Questionnaire），或簡稱PAR-Q（請見第35頁）。如果你填完了整張問卷，其中沒有任何一個問題的答案為「是」──誠實回答所有的問題將對你最有利──那麼你大概可以開始進行運動計畫而不用擔心會受傷了。

然而在這些問題之中，如果你有一題或多題回答「是」，代表在進行運動計畫之前，你將需要和你的醫生聊聊。

如果你想要更精確地評估自己的體能狀況，請你的醫生幫你做體能活動適應力體檢（Physical Activity Readiness Medical Examination，簡稱PARmed-x）。這個特別的檢查表包含了一些有用的建議，讓具有某些潛在身體狀況的人得以了解自己能夠安全從事的運動類型。很少有孕婦是不宜運動的，但最明智的作法還是先諮詢合格的專業人士。

運動三規則

一旦你確定要開始執行運動計畫，現在該是記住運動三規則的時候了：適度、連貫性和休息。它們是一些簡單的規則，依此行事你會發現從久坐不動的生活轉換成充滿活力的人生可以相當愜意，而非如地獄一般的痛苦鍛鍊。這也會對你在避免運動傷害上大有幫助；運動傷害能讓你數月甚至數年累積的成果功虧一簣。

當然遵循這三項規則並無法使你完全免於疼痛或是運動傷害。然而這些規則能夠讓你的身體承受適量的壓力後，幫助你提升體適能，從而減輕疼痛或是避免運動傷害的發生。

規則 1：適可而止

緩慢地開始。即使你已經藉由其他運動擁有良好的心血管健康，你仍應該採納這些建議。能夠參加自行車環法賽（Tour de France）或泳渡英吉利海峽不代表你就能成爲一名跑者。即使是有經驗的跑者或健走者也需要當心避免自己的身體承受過多的壓力，這乃是因爲跑步會對肌肉和骨骼造成特定的壓力。

心血管系統比肌肉骨骼系統要強健得多。只要施予適量的壓力，它會熱切地回應、迅速增強並使身體能夠運輸更多氧氣給飢餓的肌肉。不幸的是，你的骨骼、韌帶、肌腱和肌肉的適應力並沒有那麼強。根據開普敦大學運動科學和運動醫學研究主任，同時也是《跑步造成的運動傷害》（Running Injuries）一書的共同作者提姆・諾可斯（Tim Noakes）博士的說法，「如果你的體格相當健壯，在經歷大約六個月的訓練以後，技術上你應該已經可以跑馬拉松，但這時你的骨骼仍尚未做好妥善的準備。」他表示，平常活動量並不大的人如果持續強迫進行訓練，他們大多數在最初的三到六個月會容易患上應力性骨折（stress fractures）。換句話說，當你的心臟和肺催促你繼續向前的時候，你的骨骼、韌帶、肌腱和肌肉可能會想要你緩和下來。

許多人原是出於好意，卻因爲不知節制而搞砸他們的健身計畫。這些人之中有許多決定以塑身做爲新年的計畫，於是在一月的最初幾週健身中心擠滿了人，然而這些人往往在春天來臨之前就放棄了。那些沒有受傷的人因爲給自己訂立過於緊湊的進度卻無法達成而逐漸變得灰心。

雖然人的身體能夠禁得起相當大的壓力，但爲了避免受傷，你必須逐步施加這個壓力。因此即使這本書的訓練計畫在一開始的時候對你來說可能稍嫌輕而易舉，我們仍然建議你依照它的進度來鍛鍊自己。直接略過某些進度並不會讓你更快速地達到健身效果，但卻會使你大大增加因肌肉和關節疼痛——甚至更糟的原因——而被迫退出的風險。

規則 2：維持連貫性

如果適度是訓練的第一規則，那麼連貫性就是第二個。那些違反規則 1 的人必然也會違反規則 2。模式如下：你決定要塑身，於是你去健身房，或是去跑你所能承受的最遠距離，然後在接下來的一週你覺得自己彷彿被卡車輾過一樣。等到你恢復得差不多了，可以再次嘗試訓練時，你再度將自己逼到極限來彌補之前失去的時間。這樣的訓練根本不叫訓練；它為你帶來的傷害遠多於好處。而且由於你覺得更糟而不是更好，很快地任誰都會動搖最初的決心，最後你終將放棄。

連貫性的好處需一再強調。如果你一貫地鍛鍊自己，你的身體會有更多的時間去適應訓練帶來的壓力。此外，如果你的訓練始終如一，你將不需要彌補失去的時間。一兩天額外辛苦的運動無法彌補那些遺漏的訓練項目。反之，你更容易因為給身體施加太大的壓力而導致前功盡棄，或者更糟的是，你甚至必須面對疾病或運動傷害。

相同地，花愈長的時間鍛鍊，你的體適能基礎就愈穩固，這代表你可以在不搞砸整個運動計畫的情況下不時稍事休息。

如果你仔細思考規則 1 和規則 2，你會很容易發現為什麼體態良好的人將鍛鍊視為生活的一部分。永不結束訓練的想法在剛開始時看似艱鉅，尤其是當你初步努力就感到十分艱辛的時候。然而一旦你的身體和心理開始從運動中獲益，你會發現自己迫切需要它。你不再是強迫自己做運動，而是擔心你什麼時候才有機會可以運動。體態良好的人通常會達成每天或每週的訓練階段，因為他們迫不及待地想要繫好鞋帶上路。

> **真　相**
>
> 跑步和健身的一項優點是調和了免疫系統，它將能更有效地幫助身體抵禦入侵的細菌、病毒和毒素。

規則 3：給身體時間休息

休息能賦予身體時間和能量去適應訓練帶來的改變。一旦身體適應後，你將變得更強壯也更有效率。在訓練計畫中納入休息和恢復的時間，並務必在整個禮拜穿插安排你的訓練，而不要將它們全部累積在幾天內完成。

將休息和訓練一視同仁──將它視爲訓練計畫和身體健康不可或缺的自覺性身體活動（conscious physical exercise）。休息不是在逃避鍛鍊；它讓身體得以在運動造成的勞損之後獲得一段適當的恢復期。

跑步的地點

跑步最大的優點之一在於它不受地點的限制──在馬路上、在公園裡、繞著田徑跑道、在全國各地甚至就地進行皆可。然而如果可以

跑者筆記

馬塞爾在 57 歲的時候經歷了第一次心臟病發作。「如果你要看事情好的那一面，」他說道：「你可以說它是一種警訊。」身為一名狂熱的網球員，馬塞爾在一場特別難打的網球賽後昏倒在淋浴間，在那之後他體會到自己將會以輕鬆的態度面對餘生。「我一直都知道運動是預防心臟病的方法，但我認為人一旦倒下就必須要有所警惕。」

他的醫生不同意這樣的看法，並鼓勵他改變生活方式，以及停止斷斷續續的運動習慣。「他說我可以做比以前更多的運動，重點是循序漸進地增加強度，並改變一些生活習慣。」他被轉介給一名營養師，對飲食習慣進行全面檢視。在心臟病發六個月後，馬塞爾變得更健康了。他一週跑步三次，並在網球場上打了一場前所未有的硬仗。

馬塞爾

選擇，跑在較軟的路面上可以減少對骨骼、韌帶、肌腱和肌肉造成的壓力和勞損，並可以讓你跑得更愉快。

以跑步的路面而言，柏油優於水泥，而泥土則是更好的選擇，因為它會吸收更多的衝擊力。若不會吸收任何衝擊力的水泥是最糟的路面選項，那麼草地或橡膠田徑跑道或許就是最好的選擇，它們吸收最多的衝擊力。有些跑者覺得跑在田徑跑道上很無趣，然而草地可能隱藏著會絆倒你的坑洞或樹根。因此請謹慎考慮你的選擇。

越野路跑

越野路跑正迅速地成為受歡迎的跑步類型。越野跑道涵蓋的範圍從平坦的小徑，到綿延數百呎海拔的起伏坡路。跑在較軟的自然地形表面上的好處包含生理和心理層面。從生理上而言，越野跑道的路面較為溫和，可以減少對關節造成的衝擊。從心理上而言，越野路跑可以緩和在常規的例行練跑中可能產生的厭煩感。這是一個脫離人行道、健身房並擁抱大自然的絕佳方法。記住，你的身體需要適應越野跑道：較軟的路面會吸收較多的能量，因此在一開始的時候你將必須付出更大的努力。

越野路跑安全要訣

- 在沒有受過訓練的狀況下不要進行長途路跑。
- 不要獨自在外冒險。
- 了解越野跑道並且注意腳下狀況。
- 讓其他人知道你會去哪裡以及會出去多久。
- 重視天氣和氣象預報；做好因應壞天氣和低溫的準備，即使只是短程也一樣。

足部的問題

在過去20年，跑鞋的發展有長足的進步，今天現代化的跑鞋不只

有助於克服各種腳部缺陷，還能吸收很多跑步對身體造成的衝擊。

赤腳跑

在慢跑鞋發明很久之前，人們在自然環境中赤腳跑步。舉例來說，在墨西哥的銅峽谷（Copper Canyon）深居簡出的塔拉烏瑪拉人（Tarahumara），世代以來一直都是在幾乎不穿鞋的情況下跑超級馬拉松般的長途路程。雖然只有極少數的人赤腳參加比賽，有些跑者確實在不穿鞋的情況下獲得了極大的成就。衣索比亞的阿比比・比基拉（Abebe Bikila）在1960年的羅馬奧運以2小時15分的時間獲得男子馬拉松金牌；1980年代南非的佐拉・巴德（Zola Budd）在女子5,000公尺二度打破世界紀錄，並蟬聯兩屆世界越野錦標賽（World Cross-Country Championships）冠軍。

最近有許多關於赤腳跑的誇大報導。溫哥華巴黎矯具實驗部（Paris Orthotics Lab Division）的生物力學主任克里斯多夫・麥可林（Christopher McLean）博士表示，這股熱潮始於2009年春天，克里斯多夫・麥杜格（Christopher McDougall）出版了關於塔拉烏瑪拉人跑步的英勇事蹟的《天生就會跑》（Born to Run）一書。同年秋天，凱西・凱瑞根（Casey Kerrigan）和其他人共同完成的一項研究發現，相較於赤腳跑，穿著跑鞋跑步可能增加膝蓋和髖部負載的壓力。媒體因此做出赤腳跑比較健康的結論。然而，麥可林認為對於這項研究結果應該持謹慎態度，因為「根據每個人體線（alignment）的不同，增加關節活動對某些人來說可能是較為健康的」。

隨著更多研究的進行，有些證據亦支持赤腳跑確實具有被推崇的優點，包括增加本體感受（proprioception，足部和腳踝對於身體其他部位的動作與位置的感知能力）以及對足部小肌肉群的增強和活化。

內旋與外旋（**Pronation and Supination**）

溫哥華運動用品店LadySport的老闆菲爾・莫爾（Phil Moore）

對運動鞋具備極豐富的專業知識。他相信人類的腳能夠
勝任它被賦予的工作。「以力學的觀點而言，足後跟
（rearfoot）和足前部（forefoot）作用在不同的水平面上。
當腳跟著地，進入重心轉移的過程（mid-stance），此時腳
掌的功能就像是一個裝著骨頭的鬆弛皮囊。它這麼做是為
了吸收跑步產生的衝擊力與適應路面的各種異常。當這個
動作模式有效率而適當地發揮作用，且沒有在關節處造成
任何不該有的異常角度時，足部便能良好地運作。」

　　不幸的是，並非所有人的腳都能以理想的方式活
動。莫爾指出，他所見到的問題足大約有95%遭受過度內
旋（overpronation）的折磨，也就是足弓過度向內翻轉。
（注意，這裡的問題是過度內旋。一般人的足弓會自然地
向內翻轉，否則它將難以吸收跑步帶來的衝擊。）

　　過度內旋足會導致許多問題，不只在足部本身，也在
腿部的其他部位，甚至連下背部也難以倖免。在鞋類設計
成為一門科學之前，過度內旋足又被稱為扁平足。扁平足
的人通常免於服兵役，因為他們無法長距離行走或跑步。
如果你站起來並刻意展平你的腳，你會注意到你的膝蓋開
始向內彎曲。如果你用這樣的方式跑步，你的膝蓋將會循
軌（track）不良並可能患上關節毛病。扁平足也會壓迫到
下背部並引起背痛。

　　與內旋相反的是外旋，它是足弓承擔重量時無法伸展
得夠平坦所致。如果你有這項罕見的症狀，你會傾向用足
底外側行走。

　　有些人一開始是正常足，但生活對足部造成嚴重破
壞。舉例來說，懷孕增加的重量會導致婦女的足部變平
坦，尤其對於經常穿著涼鞋的孕婦影響更顯著。通常人們
在還年輕、靈活的時候不會注意到足部的缺陷，但是當這

些人變老或在跑步時對足部施加了較多的壓力，這些缺陷就會變得明顯。

跑鞋新趨勢

在過去十年，跑鞋的主流趨勢就是朝向更「中性」的鞋子發展。「一開始跑者認為增加跑鞋的穩定性是好的，最後這樣的跑鞋卻導致矯枉過正，」溫哥華體育聯盟（Alliance Athletic）的合夥人，同時也是The Right Shoe的老闆瑞特・克萊門特（Rand Clement）如此說道。他並補充：「中性跑鞋反而能提供大多數人足夠的支撐。」支撐性較高的跑鞋通常磨損較快，因此會導致更多的運動傷害。現在的跑鞋一般而言結構變得較簡單，但反應更靈敏。他指出使用矯正鞋墊的人對中性跑鞋的銷量有極大的影響。在笨重的跑鞋內使用矯正鞋墊顯然一點道理也沒有，但中性跑鞋搭配矯正鞋墊則能讓跑者獲得適量的穩定性而不至於矯枉過正。

瑞特・克萊門特經常被問到：「我可以穿著我的『潮鞋』跑步嗎？」他的回答是：「有這個可能；隨著極簡跑鞋的發展趨勢，這已不再是個容易回答的問題。只是它至少得是雙運動鞋才行。」最重要的是，這些鞋必須具備一些功能，例如緩衝或支撐。他建議將鞋子帶到跑步用品專賣店請店員幫忙看一下。「如此一來新手跑者可以在這樣的店裡找到適合的裝備，而且也可以知道他們的『潮鞋』適不適合穿來跑步。」

今天許多高層級的徑賽選手將他們的部分訓練專注在赤腳跑上。他們跑在田徑跑道或是沒有異物碎片或其他危害物的場地上，而且經常穿著極簡鞋──這樣的鞋子可以保護他們的足部，卻不具有緩衝性能或大部分現代跑鞋具備的結構。許多技術跑鞋製造商推出了極簡鞋，因為赤腳跑和極簡鞋是當今不敗的趨勢。那麼，赤腳跑真的是件好事嗎？

和瑞特・克萊門特所見略同的麥可林博士解釋：「穿著設計良

好、適合跑者足弓型態和生物力學的跑鞋很可能是最健康的跑步方式。極簡鞋只應在諮詢過知識豐富的足部照護專家、跑步教練或是信譽良好的技術跑鞋零售商後才列入考慮。」

麥可林博士又說：「對新手跑者而言，鞋子不是重點，跑步的方式或型態才是。舉例來說，有證據顯示加快跑步的節奏（每分鐘邁下的步伐）會減少對髖部和膝蓋造成的扭力（扭轉力道），因此或許能降低受傷的機會。」整體而言，雖然傳統跑鞋逐漸下架，極簡鞋和赤腳跑只適合知道如何避免傷害並且能在安全的環境（如維護良好的田徑跑道或場地）訓練的進階跑者。麥可林表示：「人們購買極簡鞋，但他們需要逐漸將這樣的鞋納入他們的例行訓練。不要買了極簡鞋就丟棄你的緩衝型跑鞋！如果你一定要嘗試最新潮流，從穿著極簡鞋跑十分鐘開始，然後再慢慢開始鍛鍊。」

塑身鞋（toner shoes）是一種以極其突出的弧形鞋底為特色的運動鞋。許多廠商聲稱這樣的鞋能夠改善姿勢、減緩背痛，最近它們也據稱能夠幫助調整腿部和臀部線條。許多專家表示，這樣的鞋並不適合用來跑步，但對於某些健走訓練可能會有幫助。這種鞋的前端相當高而鞋跟相當低，用來模擬站在平衡板（wobble board）或不平的路面上的效果。這樣的鞋子讓你在試圖保持平衡時鍛鍊腿部後側的肌肉。如果你的足前部有問題，它能引起一個自然的前滾動作，如此一來你的足部就不需要大幅度彎曲。對那些足前部沒有問題的人而言，這樣的鞋子對足部的自然彎曲將不會有任何負面影響，而且也不會造成傷害。

挑雙好鞋

當你跑步的時候，每英里每隻腳接觸地面大約800到1200次（每公里500到750次）。起初你落在足部的衝擊力是你體重的1.5至2倍，當你愈跑愈快，這樣的衝擊力可以增加到體重的4倍。單為這個原因你的跑鞋便需要強化避震功能，尤其是在鞋跟部分。另外，它也需要

為足部和足弓提供良好的支撐。女性應該注意的是，她們的腳型通常比男人的要窄，所以想要牢牢地穿進男人的鞋可能會有困難。幸運的是，跑鞋製造商已經看見這樣的市場——現在每個優良的跑鞋公司推出的款式都有男鞋和女鞋之分。而且有些鞋廠，如New Balance，也推出不同楦頭寬度的跑鞋。

你可能已經意識到一些足部問題。也許你從來買不到合腳的鞋子，或是步行一段時間後在足部、腿部或是下半身患上各種疼痛。今天有一種鞋子或許可以解決你的問題。要找到適合你的鞋子，最好辦法就是去一家好的跑步用品專賣店讓跑鞋專家好好丈量你的腳。一旦你獲得這樣的資訊，你將能夠為你的腳挑選適當的鞋子。

能矯正或支撐你的足部重心保持在同一中軸的穩定型跑鞋會幫助你跑得更有效率而且免於疼痛。如果你的足部過度內旋，你將需要能提供額外支撐的跑鞋，如此一來你的腳才不會展平過度。有時候跑鞋具備足夠的支撐力，有時候你則需要添加某種矯正鞋墊，而這樣的矯具可以透過體育專科醫師或足科醫師開立處方取得。當你找到適合的跑鞋，只要它仍繼續生產你便應該忠於那個款式，因為許多人經常在換穿其他款式的鞋子後不久就引起各種毛病。

挑選鞋子時也很重要的另一點是，將跑步的路面種類列入考慮。如果你有一雙正常或「中性」的腳，而你跑在越野跑道或是可能導致腳踝扭傷的其他不平坦路面上，那麼你仍然可能需要一雙支撐性較高的跑鞋。

跑鞋的品質良莠不齊；世界上沒有兩雙跑鞋是完全一模一樣的。（據說星期一和星期五出廠的汽車有較多缺陷，鞋子或許也是如此。）在購買跑鞋之前應該仔細地檢查，並詢問零售商關於瑕疵品退貨的規定，因為跑鞋的瑕

訣竅

如果你有「正常」足——挑選具備適度控制功能和半曲型楦頭（semi-curved last）的穩定型跑鞋。

「扁平」足——試試具備堅固中底和直型楦頭（straight last）或半曲型楦頭的控制型或穩定型跑鞋。

高足弓——選擇具備優異彈性（別考慮控制型跑鞋）和曲型楦頭（curved last）的避震型跑鞋。

疵通常只有在實際試用後才會出現。如果你對零售商的退貨規定不滿意就到別的地方去買。大多數品質良好的跑鞋製造商會提供產品保固。在你將跑鞋買回家後，記得定期檢視它們，如此你才能事先發現損壞並避免它們造成跑步受傷。

　　走路對足部施加的壓力比跑步小，然而穿著錯誤的鞋子走路也會導致不幸的後果。為了運動而走路，以及在生活中每踏出一步，你的

跑者筆記

安娜

　　在執行 13 週走跑訓練計畫之前，安娜深受下背的各種問題所折磨，然而她並不認為它們能影響她為了完成這些訓練所做的努力。結果證明這位當時 35 歲的休閒治療師（recreation therapist）大錯特錯。約莫進行到第六週，她的一隻膝蓋變得無法承擔從她的背部開始的脊椎序列（alignment）問題。「我感到心力交瘁，」她回憶道，「我認為跑步不是我能做的運動。」

　　她原本想要完全退出訓練計畫，但她轉而進行了數週的健走訓練計畫（詳見 SportMedBC 的《走路健身法：新手入門指南》Walking for Fitness: The Beginner's Guide），並在物理治療師的要求下以游泳和騎單車來強化膝蓋。「大約三週後我重回走跑訓練計畫。雖然剛開始的時候我總是習慣跑在隊伍的前頭，現在我必須習慣殿後，但我一點都不在意。我發現自己和所有出於社交動機加入這項訓練計畫的人都想著，嘿，如果我們能一起完成這個訓練就太棒了。他們給了我很大的支持。」

　　安娜跟她原本所屬的團體一起完成了跑步計畫，並以 1 小時 20 分的成績完成了一場 10 公里的路跑賽。

腳都支撐著你的身體並帶你行走數哩。舒適、彈性佳、輕量，具備避震鞋底、良好足弓支撐、穩固的鞋托並留給腳趾一些額外空間的健走鞋，是一項相當值得的投資。

選擇衣著

服裝不是跑步最重要的考量，但也並非無關緊要。你的穿著主要應該視天氣而決定。市面上有許多華而不實的跑步裝備，然而你應該以舒適爲第一考量。

如果你夠幸運地住在一個氣候不冷也不熱的地區，你應該避免穿太多的衣服跑步。跑步的時候身體會發熱，剛開始時使你感到舒適的夾克在你達到跑步的溫度之後會變得令人喘不過氣來。當身體過熱，你會經由汗水流失大量的體液，因而引起脫水。多層次的穿著是個好主意，如此一來你便可以視天氣狀況彈性調整衣著。你很快就會發現，黏在身上那件被汗水濡濕的棉T恤給你的感覺就像它的外表一樣令人不愉快。

過去十年以來，跑步服和運動服的發展有大幅的進步。今天，機能性運動服大多以合成纖維製成。你可以在市面上找到輕量跑步衣、運動內衣、多層尼龍和聚脂纖維材料製成的短褲和緊身褲等產品。LadySport的老闆菲爾・莫爾表示，「這些布料的織法和質地是設計用來排出皮膚上的濕氣，而不是將它吸收到布料本身。從另一方面來說，棉質布料能吸收高達本身重量七倍的水分；濕衣服在冬天會變得更冷、夏天變得更熱，而且會相當沉重。此外，棉布還會褪色、鬆弛和縮水。」莫爾補充說：「新型材料使用親水（hydrophilic）／疏水（hydrophobic）層、磁性科技，甚至銀或銅纖維來排除濕氣、控制溫度、增加透氣性和減少異味。天然的材料如美利諾羊毛也具有優異的

> **真　　相**
>
> 棉可能是 100% 的天然材質，但它不會是你在汗流浹背的時候想要穿在身上的質料，因為它會留住濕氣。你應該尋找能將濕氣從身體排出的合成布料。

提　　醒

緩慢地開始；跟隨訓練進度！
依照自己的步調。不要逼迫自己以過快的速度跑步或走路。
正面思考。專注在能令你感到愉悅的東西，而非令你感到痛苦的東西。
安排時間自我鍛鍊。預留特定的時間執行訓練計畫，並且堅持住這樣的時間，如此一來做其他事情的規劃才不至於妨礙你的鍛鍊。
祝賀自己。在每次訓練過後，停下來並思考你得到的美好感覺。在下一次你不太熱中於訓練的時候回想這樣的美好感覺。

排濕和除臭效果！這些改良讓跑步在任何氣溫和氣候下變得更容易也更愉快。」

女性跑者可能因為身體活動導致胸部晃動而考慮使用運動內衣。胸部由皮膚和乳房內的韌帶組織支撐著，這個脆弱的結構可能因為晃動而受到拉扯，進而導致胸部下垂。大部分日常使用的胸罩無法避免這樣的晃動，因此請開始使用運動內衣。今天的運動內衣設計良好，甚至可以外穿，成為大熱天穿衣的絕佳選擇。挑選緊貼合身（為了控制動作）和能有效固定胸部（為了減少摩擦）的設計。胸部大的女性應該選擇有罩杯的運動內衣；胸部小的女性可以選擇會使胸部變平坦的背心型運動內衣。避免挑選有接縫的罩杯，因為縫線可能會直接摩擦乳頭，此外還要確保任何硬質的部分都得到適當的緩衝。妳會需要寬肩帶，因為任何動作都能輕易地讓細肩帶滑落。許多款式現在都有可調整的肩帶幫助使用者穿得更合身。最後，確認你的手臂有足夠的空間能夠活動自如。

務必穿著以吸濕排汗布料製成的運動內衣，不論它們的品牌為何。接觸身體的那層布料可以是合成纖維但絕對不要是棉質布料！

許多人喜歡在寒冷的天氣裡跑步，因為它能幫助身體維持低溫，而在某些日子裡人們好像可以永遠跑下去。然而你不會想受涼。跑步所穿的服裝應該由透氣、防水的布料製成，例如Gore-Tex（它仍是市面上運動服布料的「黃金標準」）。記住，不論布料有多透氣，如果你運動到出汗，你仍會戰勝它排除濕氣的能力。立領設計有助於保護在寒冷中可能變得特別敏感的頸部；你可以考慮穿高領運動衣。多層次是關鍵！在接觸皮膚的那一層穿貼身的吸濕排汗衣，以隔絕會將你冷卻下來的垂直氣流（air pocket）。接著根據溫度和降雨狀況穿上寬鬆的合成纖維和輕量羊毛，最外面再加上防水外套。由於高達70%的體熱從頭部流失，你也應該考慮戴頂帽子。手套可以避免讓你感覺雙手好像快要凍僵。如果你穿襪子（有些跑者不穿），選擇能夠排除濕氣的布料。有些跑者藉由穿兩雙薄襪子或穿雙層襪來避免足部起水泡，因爲如此一來襪子可以互相摩擦，而不會摩擦到敏感的皮膚。

設定目標

在生活的任何領域（包括運動和事業）獲得成功的人都有一項共同的特質——他們爲自己設下實際而且有意義的目標。沒有人可以在開始訓練一週後就有把握能參加10公里路跑賽。

你的頭腦，如同你的身體，需要調整成新的努力標準。如果你爲自己訂下不切實際的目標然後無法達成，幾乎可以確定的是你將會變得沮喪，而且或許會放棄。爲什麼不在一開始的時候設定實際的目標，然後像訓練你的身體那樣去訓練你的頭腦？在13週走跑訓練計畫中，你的目標已經預設好了，而且這套訓練計畫是經過驗證的。只要你堅持依照它進行訓練，你很有可能獲得成功。

然而這並不代表當你進行訓練計畫時不會喪失信心或是動力。成爲跑者需要付出某種努力，而這樣的努力是大多數人的頭腦和身體都傾向於抗拒的。然而這套13週訓練計畫專門用來在訓練你身體的同時也訓練你的頭腦，如此你將可以面對並通過必然的考驗。

檢查表提案

- [ ] 1.牢記訓練三規則：適度、連貫性和休息。
- [ ] 2.挑選跑步鞋的時候，要去跑步用品專賣店，請店員評估你的腳型並協助你選擇合腳而且切合你的足部生物力學鞋子。
- [ ] 3.在涼爽的天氣裡挑選跑步夾克，並選擇有助於排除濕氣和保持乾爽的合成材料製成的上衣、短褲和襪子。
- [ ] 4.為了在跑步訓練計畫得到最佳成果，要緩慢地開始，遵循自己的步調，正面思考，並在每個階段過後讚美自己。

PAR-Q與你

（給15到69歲的人的問卷）

規律的運動不只樂趣無窮而且有益健康，因此愈來愈多的人開始每天多做運動。多做運動對大部分的人來說是很安全的，然而有一些人應該在增加運動量之前徵詢醫生的意見。

如果你正計畫增加運動量，請先回答以下方框內的 7 個問題。如果你的年齡介於 15 至 69 歲之間，這份問卷會告知你是否應該在開始增加運動量之前諮詢醫生。如果你的年齡超過 69 歲而且沒有經常運動的習慣，請徵詢醫生的意見。

你的常識是回答這些問題的最佳指引。請仔細閱讀下列問題，然後誠實回答每一個題目：請勾選「是」或「否」

是 否

☐ ☐ 1.醫生是否曾說過你有心臟疾病而且你只應進行醫生建議的體能活動？

☐ ☐ 2.當你進行體能活動時是否覺得胸口疼痛？

☐ ☐ 3.在過去一個月內，你是否曾在沒有進行體能活動時也感到胸痛？

☐ ☐ 4.你是否曾經因為暈眩而失去平衡，或你是否曾失去意識？

☐ ☐ 5.你是否患有骨骼或關節毛病(例如脊背、膝蓋或髖部)，而且它們會因為你改變體能活動而惡化？

☐ ☐ 6.你的醫生目前是否開立藥物(如利尿劑)幫助你控制血壓或心臟疾病？

☐ ☐ 7.你是否有不該從事體能活動的任何其他理由？

如果你的答案：

有一題或多題爲「是」

在你開始增加運動量或進行體適能評估前，請先致電或親自與你的醫生討論。告訴你的醫生你做過這份問卷，以及有哪些問題你的答案爲「是」。

- 你也許能夠從事任何你想要的活動 —— 只要你緩慢地開始，然後逐漸增加活動量。或你也許只能進行那些對你而言安全無虞的活動。和醫生討論你希望參加的活動種類並聽從他的建議。

- 找出一些安全且對你有益的社區活動。

如果你的答案：

全部為「否」

如果你對這份問卷的所有問題誠實地回答「否」，你有充分的理由確信你能夠：
- 開始增加運動量 —— 緩慢地開始，然後逐漸增加活動量。這是最安全也最容易的方法。
- 參加體適能評估 —— 這是一種判斷你的基本體適能的絕佳方法，如此一來你將能夠擬定最佳的運動計畫。我們高度建議你測量血壓。如果你的測量結果超過 144/94，請在開始增加運動量之前先徵詢醫生的意見。

延緩增加運動量：
- 如果你因為感冒或發燒等暫時性疾病而感到不適 —— 請等到身體狀況好轉以後再增加運動量。
- 如果你已經懷孕或可能懷孕 —— 請在增加運動量前先徵詢醫生的意見。

請注意：如果你的健康狀況改變，導致上述任何問題的答案變成「是」，請告知你的健身教練或保健專業人員。詢問他們你是否應該改變你的運動計畫。

適當地使用PAR-Q：The Canadian Society for Exercise、Health Canada以及其代理人概不為進行體能活動者承擔任何責任。完成問卷後如有疑問，請在從事體能活動前先徵詢醫生意見。

問卷內容不得更改。在使用整份PAR-Q的前提下，歡迎複印這份問卷。

注意：
若某人在參加體能活動或體適能評估之前拿到這份問卷，此部分可做為法律或行政用途。
「我已經閱畢、了解並填妥此份問卷。我所有的疑問皆已獲得滿意的解答。」

姓名＿＿＿＿＿＿＿＿＿＿＿＿＿＿＿

簽名＿＿＿＿＿＿＿＿＿＿＿＿＿＿＿＿＿＿＿＿　日期＿＿＿＿＿＿＿＿＿＿＿＿＿＿＿＿＿＿＿

家長或監護人簽名＿＿＿＿＿＿＿＿＿＿＿＿＿　見證人＿＿＿＿＿＿＿＿＿＿＿＿＿＿＿＿＿

(適用於18歲以下的受訪者)

注意：此份體能活動檢查自填寫日當天起最多12個月內有效。
如因健康狀況改變導致上述七個問題中任一題的答案變成「是」，本問卷即告無效。

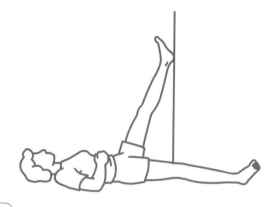

Beginning
Runner's Handbook

CHAPTER **3**

上路前
不可不知的事

在運動前、運動中和運動後進行伸展的規則是去傾聽你的身
體：如果它感到疼痛，表示你做得太過。不論你身體有多健
康，或你能跑得多快，這都是不變的定律。你可能會因為跑
步受傷而覺得氣惱，但試想要是傷害來自那些你自認為了避
免受傷而採取的措施，你會感到多麼沮喪！

本書的「13週走跑訓練計畫」是健身計畫的範本；已經有數千人成功地使用它來準備北美洲最大的路跑／健走活動之一的溫哥華太陽長跑。你將會跟著它的訓練時間表（請見第52頁）緩慢地展開訓練計畫，幫助自己增進肌力、耐力與信心。未來13週的訓練重點你將是在不受傷的情況下增進整體健康和體適能。如果可能，找一個朋友或一群朋友和你一起訓練。和朋友一起不止更好玩，也更能激起幹勁。

　　每一個訓練項目都細分為簡短的走跑訓練區塊。這些訓練區塊持續的時間足以改善你的體能狀況，卻不至於沉重到令你感到疲憊或痠痛。此外它還有一個心理效益：每個訓練區塊包含的任務都相當容易完成，因此它們能帶給你繼續前進的信心。

　　仔細研究這個計畫，看看你將會做些什麼，以及你需要用多久的時間來完成它。重要的是，記住每個訓練項目標記的時間，包含每次訓練的開始與結束時各5分鐘用來暖身與緩和的時間。在經歷數週的訓練之後，跑步的比例將會增加，直到最後一週將完全只有跑步的部分。

　　在第6週之後會有一個新的走跑訓練選項，屆時我們會鼓勵你去反省身體適應訓練的狀況。如果你正在苦撐，可以選擇在剩下的幾週繼續採取走跑訓練。你依然能夠做好跑完10公里路程的準備，然而將會以走跑穿插的方式進行，而非全程跑步。在第2週或第3週時，你可能會開始覺得那些鍛鍊項目相當舒適，而且可能會覺得你已經準備好直接跳到其他的訓練項目。但此時你的骨骼、韌帶、肌腱和肌肉適應訓練的速度遠遠不及你的心血管系統；為了避免受傷，你必須給它們足夠的時間趕上。畢竟在訓練途中受傷，將遠比進入連續跑步階段更令人沮喪。

　　每週安排足夠的時間來完成三個訓練項目，並在其中穿插休息的日子，不要試圖將所有的訓練項目擠在連續幾天內完成。許多人覺得週末開始訓練比較有益。挑選一個風景迷人，盡可能沒有行人、汽車等障礙物的跑步路線也會有所幫助。不妨考慮規劃一條「往返路線」

（out-and-back route），跑到中途點就啟動回程。

　　具備馬表功能的運動錶是你必需一項裝備。電子錶是最佳選擇，因為當你獨自運動時，使用指針式的手錶往往只能讀取時間的近似值。

寫訓練日誌

　　許多健身愛好者會寫訓練日誌，而運動員通常會保留過去十年或更長時間的日常訓練紀錄。這些紀錄讓他們得以看得更全面，看見那些只有隨著時間推移才會顯現的慣性模式。如果你決定要寫訓練日誌，從一開始時你可能會覺得它是件麻煩事，但如果你繼續翔實地記錄你的飲食和睡眠模式、你花多少時間熱身和伸展，以及你於何時、何地、跑了多長距離等事項，它會讓你看見一個嶄新的、更健康的生活型態正在成形。

　　你可能會發現你甚至開始記錄自己的想法；這個作法能產生極大的效益。許多跑者聲稱他們在跑步的時候思慮最清晰，而你可能會發現你當時的見解在日後值得回顧。至少在近期一、兩年內你可以回頭看你的舊訓練日誌，然後在看到描述自己如何跑完545碼（500公尺）的極限時哈哈大笑——因為今天的你已經可以不費吹灰之力跑完5公里的路程了。（關於訓練日誌的建議請參閱第218頁的〈引用來源和參考資料〉）

　　許多人覺得寫日誌可以激勵自己。如果離開沙發對你來說是件困難的事，不妨拾起你的訓練日誌，翻閱那些包含你付出過的所有努力的頁面。然後翻到空白的下一頁——那唯有在完成當日的訓練項目之後才能被填寫的一頁。這動力已足夠讓你繫好鞋帶上路。

　　保留記錄著各種疼痛的訓練日誌也能幫助你預防受

> **真　　相**
>
> 考慮在訓練日誌中記下你的飲食。記錄你所攝取的食物有助於了解影響你飲食的時間、情緒和壓力問題。你將會知道這些因素如何影響你的訓練。

傷，或至少很快地從傷害中復元。留意身上的各種疼痛可以使你在這些疼痛導致實質傷害之前先行處理它們的肇因。萬一你真的受傷了，這份日誌能夠幫助你和你的醫生或物理治療師更緊密地合作，它會詳細敘述你至今有過的各種問題，以及這些問題一開始是如何出現的。

總而言之，**寫訓練日誌**能讓你：

- 分析訓練的成效
- 監督你的進度
- 發展一套有系統的改善計畫
- 避免過度訓練和受傷
- 保持幹勁
- 在驚奇、興味甚至詫異中回顧過去

暖身

如果跑步或健走尚未成為你日常生活的一部分，那麼不論你的動機多麼強烈，你的身體都將覺得運動是一種衝擊。13週走跑訓練計畫專門用來將這樣的衝擊減到最輕，然而每次訓練之前的暖身運動的必要性是再怎麼強調也不為過的。暖身運動不是新手的專利——即使世界級的運動員也需要在每次鍛鍊之前做好暖身。

例行的暖身程序目的在於讓你的身體做好運動的準備。（即使這樣的例行程序被稱為暖身「運動」，暖身本身並不該被視為一種運動。）冷的肌肉缺乏運動所需的血流，因此活動起來較沒有效率而且較容易受傷。

你的暖身程序應該包含某些專為促進血液流動而設計的全身運動。在持續活動手臂、腿部、身軀10分鐘後，你可以繼續做一些溫和的伸展，重點在於和緩。運動物理治療師，同時也是實力強勁的跑者和三項全能運動員的溫

> **真 相**
>
> 溫熱的肌肉可以伸展得更徹底，這也是你應該在跑步之後，而非跑步之前，做「深度」伸展運動的原因。

蒂・葉普（Wendy Epp）指出，研究顯示過度用力的伸展比在完全不伸展的情況下立刻開始慢跑更容易拉傷冷肌肉。「循序漸進的暖身相當重要。低強度、有節奏的活動，例如能夠使肌肉在有限範圍內活動的和緩慢跑，能夠逐漸增加肌肉和身體的溫度，因而降低受傷的風險。」

　　葉普做了一個簡單的比喻。她將肌肉比作塑膠黏土（plasticine），一種可以被塑造成各種形狀的兒童玩具。當天氣冷的時候，塑膠黏土是硬且脆的，所以如果你用任何強度的力道打擊它，它往往會碎裂，而不是彎折。只有當它被輕柔地揉捏與塑造過後才能呈現出它的可塑性。肌肉的反應大致上也是如此。

　　在運動前、運動中和運動後進行伸展的規則是去傾聽你的身體：如果它感到疼痛，表示你做得太過。不論你身體有多健康，或你能跑得多快，這都是不變的定律。你可能會因為跑步受傷而覺得氣惱，但試想要是傷害來自那些你自認為了避免受傷而採取的措施，你會感到多麼沮喪！

　　第193頁至第196頁收錄了一系列跑步專屬的伸展動作。將這些伸展動作納入成為每次訓練的一部分。一般而言，跑者和健走者應該專注在小腿、腿後筋肌、臀肌、髖屈肌和下背肌。在每個伸展動作停留10秒，每個肌群重複二到三次。

良好的例行暖身程序

　　緩慢地走路或慢跑5到10分鐘。

　　輕輕地伸展3到5分鐘，專注在小腿、腿後筋肌、股四頭肌、臀肌、髖屈肌、下背肌和肩膀。

緩和

　　正如暖身是讓身體準備好從事更大程度體能活動的最佳方式，緩和則是讓它回到怠速（idle speed）狀態最好的辦法。在運動後，利

用與暖身類似，但強度較低的運動讓肌肉持續活動10至15分鐘是個好點子。輕微的伸展對緩和來說已經足夠。在每個伸展動作停留15至30秒，並重複2到3次。

你會發現你在訓練當中養成的溫熱肌肉較為柔軟，這讓運動後的恢復期成為鍛鍊柔軟度的完美時刻。肌肉在完成訓練項目之後已經完全熱起來，此時你可以安穩地在任何部位的伸展動作停留30秒到3分鐘。

運動後的伸展有兩個目的。你應該在訓練結束之後進行伸展最重

跑者筆記

麥可

51歲的麥可總是為跑步夥伴對於暖身與緩和的堅持感到惱怒。一旦他穿好跑鞋，他最不想做的事就是伸展。「時間一到，我只想開始跑步。我討厭等待。」

有一天晚上他因為腳筋完全無法動彈而醒來。「那疼痛簡直令人無法置信。我彎下身感覺那塊肌肉，它就像鋼鐵一般僵硬。我想要伸展我的腿但我辦不到。我太太醒來，幾乎肯定我是心臟病發作了；我想我當時大概在尖叫吧。」

幸運的是他的太太是一名泳者，而且知道抽筋是怎麼一回事。她將他翻轉成俯臥姿，並以她整個身體的重量壓在他的膝蓋上，同時用雙手拉他的腳踝。終於那塊肌肉開始恢復彈性，而且隨著伸展的程度加深，它變得更柔軟，直到麥可的腿可以平放在床上為止。

當他告訴他的跑步夥伴這件事的時候，夥伴只是搖搖頭，然後叫他開始考慮跑步後的伸展。「現在我虔誠地做伸展。我還是討厭它，但我只要想起那個晚上就能和它和平共處了。」

要的原因在於，肌肉在運動期間會繃緊，而除非你將它們再次伸展開來，否則它們傾向維持在緊繃狀態。

緩和伸展的另一個好處是它能幫助你增加關節的活動幅度。記住關節活動的幅度受到一些因素的影響，包含年紀、既有病史（如舊傷）和關節結構。試著避免將伸展當作是競賽運動。每個人伸展的程度不同，即使你的跑步夥伴似乎能比你伸展得更深入，這並不代表你哪裡出了問題。你應該對逐漸的進步感到滿足，並致力於追求長遠的好處。

有些運動員主張運動後的伸展是避免肌肉痠痛的關鍵，然而這有點言過其實。運動後某些程度的肌肉痠痛是自然的。然而如果你過了48小時之後還沒有恢復正常，也許你已經受傷了。如果你認為這是可能的情況，那麼你應該諮詢合格的運動醫學專科醫師。

總而言之，以走路或慢慢跑（slowly jogging）5到10分鐘做為緩和運動。然後重複你例行的暖身伸展，特別注意能活動小腿、腿後筋肌、臀肌、髖屈肌和下背肌的動作。單就緩和而言，在每個伸展動作停留15至30秒，每個肌群重複兩到三次。如果你正在鍛鍊你的柔軟度，就在任何部位的伸展姿勢停留30秒到3分鐘，每個肌群重複2到3次。

> **真　　　相**
>
> 一般人的柔軟度受到年齡和性別的影響。女孩的柔軟度比男孩佳，而兩者在成年後柔軟度皆減退。

正確的例行緩和運動

走路或慢慢跑5到10分鐘，手臂保持向前和向後劃圈。

在腿後筋肌和小腿肌肉溫熱的時候伸展它們以鍛鍊柔軟度。（請見第193頁的伸展運動）

只在鍛鍊後熱身完全的狀態下進行深度伸展，藉此增進或維持肌肉柔軟度。

跑步技巧

　　剛開始跑步的時候，你可能不太需要擔心技巧。大多數人的身體會自動採用最適合它們的跑步技巧。（至少在理想的情況下是如此。會壞事的可能是舊傷或遺傳性運動失調。請見第9章〈常見的運動傷害與復元方法〉。）

　　拙劣的跑步技巧造成的能量損失會在開始長跑的時候變成一個大問題。跑步教練羅伊・班森（Roy Benson）形容一名菁英跑者的理想生物力學特徵如下：「關鍵似乎在於留意上半身，並確保肩膀的左右擺動不過分轉動，不會從一側扭轉到另一側。手臂的擺動應該像走路般自在，擺動的幅度向後到離身體略遠處，向前到大腿前側。」

　　如果你覺得這很難想像，那就別管姿勢了——放輕鬆才是更重要的。雖然大多數人的身體在承受壓力時會變得緊繃，跑者起碼應該為了以下兩個原因避免緊張。第一，緊繃的肌肉可能更容易導致受傷。第二，持續的緊繃會消耗許多能量，而放鬆則有助於將能量引導到跑步的動作上。當你遵循13週訓練計畫鍛鍊自己的時候，只管注意放鬆、保持姿勢正確（抬頭挺胸，避免身體前傾），以及輪流讓一隻腳落在另一隻前面。如果你有一些你認為可能是技巧不佳所造成的問題，在第7章〈成為更好的跑者〉你可以找到對跑步技巧更詳盡的檢視。

安全第一

　　單是跑步就能使你受傷，尤其對女性跑者而言更是如此。從有備無患的觀點來看，這裡有一些安全須知，它們可以提高訓練項目的安全性，因而讓你的訓練變得更愉快：

1. 隨身攜帶身分證，或在一張紙上寫下你的名字、電話和血型。將它放進跑步專用鑰匙包並繫在你的跑鞋上。
2. 攜帶可以用來打電話的零錢。將一個哨子或警報器（noisemaker）放在口袋裡或掛在脖子上。

3. 不要配戴珠寶——它會引來你不想要的注意力。

4. 寫下你的跑步路線並將它交給朋友，或放在容易被找到的地方。和你的跑步夥伴與家人討論跑步路線。

5. 在熟悉的地區跑步。知道公共電話的位置，並熟悉那些當你跑步的時候肯定會營業的公司或店家。不要太墨守成規——每隔一段時間就考慮變更路線，尤其如果有相同的人經常出現在你的跑步路線時。

6. 依你所居住的地區而定，避免跑在無人地帶、冷清的街道以及野草叢生的小徑。晚上避免跑在沒有路燈的區

真　　相

戴耳機跑步會帶來麻煩。耳朵是一個生存裝置，它們可以讓你聽見你看不到的危險。

跑者筆記

克萊兒

　　克萊兒從不多想跑步技巧。37 歲的她從未經歷過任何由運動引起的疼痛，而且她從來沒有一次跑步超過 30 分鐘。然而她似乎比她的跑步夥伴更容易疲勞。

　　雖然克萊兒有駝背的傾向，她卻從來沒有想到她的姿勢會影響到她跑步。某天她的訓練夥伴在一個訓練項目結束後按摩她的頸部並評論了它緊繃的程度。她的夥伴認為她的緊張和疲勞可能是因為她的跑步技巧出了問題，於是克萊兒便在健身房要求一名教練看著她跑步。他對克萊兒說，她跑步的時候彎腰駝背而且很緊張，這可能就是造成肌肉緊繃的原因。而由於駝背會壓迫胸腔並降低肺活量，或許她的疲憊即從此而來。他告訴克萊兒要「直挺挺地跑」（run tall），要將肩膀向後拉並將下巴抬起。

　　「這不是什麼神奇療法，」克萊兒說，「然而一旦我開始考慮到我的姿勢和跑步技巧，我就會一直想到它們。現在我真的覺得我的姿勢和呼吸都好多了。」

域，並遠離停泊的車輛和樹叢。

7. 逆著車行方向跑，如此你才能夠察覺駛近的來車。記住，你看得到汽車不能保證汽車駕駛也看得到你。如果他們從後方駛來，你很容易就會受傷。

8. 尊重交通車流。空出單車或是汽車道。在單車騎士或是溜直排輪的人超越你的時候讓出共用的道路。如果你是參加跑步或健走團體，跑步的時候要呈一列縱隊，好留出空間讓其他人通過，並留意路上的行人和小孩。

- 如果你跑在微弱的燈光下或在天黑後跑步，請穿著帶有反光飾條的衣服。如果你不喜歡任何帶有這種飾條的服裝，就買些反光膠帶來貼在你喜歡穿的衣服上，也可以考慮反光背心。此外，爲單車騎士設計的腳踝反光圈也適用於跑者。

- 保持警覺。你對環境的警覺性愈高就愈不容易受傷，而且愈可能做好在緊急狀況下採取行動的準備。因此，不要在訓練的時候配戴耳機。你的耳朵是一項生存工具，它們如同一個 360 度的聽覺雷達；不要讓它們失去效用。

- 忽略他人的言語騷擾。與陌生人應對應該小心謹慎。直視對方並當心留意，但要保持距離而且繼續前進。

- 相信你的直覺。迴避令你覺得不安全的任何人或地區。

- 如果你或他人發生事故，或如果你被跟蹤或被騷擾，馬上打電話報警。

適應天氣

　　你可以在一年中的任何時候跑步：你只需要適當的裝備、正確的準備工作和積極的態度。在夏天，跑者面臨的最大挑戰就是高溫。在冬天，低溫、雨雪（wet snow）和濕滑的路面都可以成爲你穿上跑鞋外出跑步的阻礙。然而不論氣候爲何，你依然可以跑步。事實上，跑步最大的樂趣之一是觀察你最喜愛的跑步路線在一天的不同時間、在各個季節和在多變的天候狀況下的改變。

熱天跑步

適應在炎熱的天氣裡跑步的最佳辦法就是循序漸進、穿著適當的服裝並適時補充體內水分。

切記，你的身體需要更努力地透過流汗使你緩和下來。務必傾聽你的身體，並記住以下要訣：

- 放慢速度，並縮短跑步時間。
- 戴網帽（mesh hat）或搽防曬油以防止日曬。
- 穿著淺色或白色的合成纖維上衣；它能排出身體的汗水使你保持涼爽。
- 在跑步當中和跑步之後喝比往常更多的水。
- 在一天中較涼爽的時候跑步，例如清晨或黃昏。
- 規劃一條穿越兒童水上樂園或沿著林蔭步道的跑步路線。

冷天跑步

有些人喜愛在寒冷的天氣中跑步，因為這可以帶給他們更多的能量。冬季跑步應該對結冰或潮濕的路況特別提高警覺，並記住覆蓋著雪的路面比結冰的馬路具有更大的摩擦力。失溫和凍瘡是在寒冷中跑步可能會面臨的兩個危險因素，因此多層次穿著，並保護頭部、臉部和手指顯得格外重要。這裡提供一些冷天跑步的要訣：

- 如果路面有結冰情形，應該放慢速度以免受傷。
- 在跑步裝備中納入帽子、手套和防風外套以保暖身體。
- 採用多層次穿著，以便更適當地調節身體溫度。
- 讓身體處於活動狀態；靜止不動會讓你急速冷卻下來。
- 跑在森林中的小徑，它們能使你免受風吹雨打。

檢查表提案

□ 1.寫訓練日誌監督你的進度、維持你的幹勁並幫助你預防運動傷害。

□ 2.在跑步之前花5分鐘暖身，如此在你開始鍛鍊之後肌肉才不會拉傷。

□ 3.在跑步之後花5分鐘溫和地伸展，藉此放鬆你的肌肉並增進你的柔軟度。

□ 4.保持輕鬆：跑步的時候專注於將身體挺直，並自然地擺動手臂。

□ 5.不論你在何時、何地跑步，都要保持警覺並注意安全。

CHAPTER **4**

13週走跑訓練計畫，開始！

找出一個願意和你一起投入這套13週訓練計畫的運動夥伴。
知道有人在街角等著你必定有所助益──這股督促和支持對
方完成訓練項目的力量是相當驚人的。

《我想開始去跑步》收錄了成功學會跑完10公里路程你所需知道的一切。之前的章節已經探討過一些奠定訓練基礎的基本原則，往後的章節將提供關於暖身與緩和伸展運動的重要資訊和指引，以及用來搭配你的跑步訓練計畫的伸展訓練運動。本章將提出詳細的每週訓練計畫伴隨一些訓練建議和實用資訊。整合運用這些元素，數週後你就會達到一個新的體適能水平。

　　如果你想要避免受傷，適當的暖身、緩和與伸展運動是不可少的。附錄A描述的建議伸展動作是你的訓練計畫的重要組成部分，而第三章說明了你在訓練之前和之後應該如何做、何時做以及做多少伸展運動的細節；不要為了節省時間忽視這些訓練項目的重要元素。

　　大多數成就卓越的運動員都有寫訓練日誌的習慣。市面上有各式各樣的跑步紀錄簿或日誌可供選擇，而隨著時間過去，你會發展出你特有的記錄風格。設定實際而且有意義的目標將會幫助你完成每週的訓練。

13週訓練計畫

　　SportMed的走跑訓練計畫是一個經過審慎檢驗的鍛鍊計畫，它包含了一週3次、為時26到76分鐘不等的訓練項目。十分重要的一點是務必將這些項目平均分散到一整個禮拜，並試著建立一個有彈性的時間表。

　　你將會注意到這套訓練計畫以大量的走路項目緩慢地展開。運動錶可以幫助你記錄每個項目中走跑訓練進行的時間。如果你覺得進度太慢，請容忍訓練計畫的速度，切勿自行略過部分的項目。否則你不但無法增進你的體適能還會徒增受傷的風險。這套訓練計畫最重要的更新之一是多了走跑替代方案，這能使那些艱難地通過前六週訓練的人能夠採取更漸進的方法完成整個訓練計畫。這些人將依然能夠跑完10公里的路程，然而是以走跑穿插的方式來完成，而非全程跑步。

　　訓練中的「跑步」部分應該是極其緩慢的慢跑，要從頭到尾以能

輕鬆談話的步調進行。你應該要感覺自己好像是用跑步的速度在快步行走，而且你應該要能夠談話無礙，一次要可以講兩到三句話而不會上氣不接下氣。在一開始的時候，對鍛鍊計畫產生的興奮感和渴望能導致你以超過自己能力範圍的速度跑步。請留意你的速度：因為當速度提高，對身體產生的衝擊力和引起受傷的可能性也會隨之增加。

記住，跑步並非易事。肌肉、肌腱、骨骼和韌帶需要時間適應跑步帶來的衝擊力。如果你忠於這套訓練計畫，做得不多也不少，你會對它的簡單程度感到驚訝。最後，注意每個訓練項目的鍛鍊時間都包含了5分鐘的暖身和5分鐘的緩和；務必將這些不可或缺的重要部分納入你的訓練時間表。

對跑者而言，最重要的裝備是一雙好的支撐型跑鞋。你也會需要能排除身體濕氣的合成布料所製成的服裝，尤其是跟皮膚接觸的那一層。

第 1 週：速度是關鍵

☐ **項目 1（34 分鐘）**
　　跑步 1 分鐘，走路 2 分鐘。
　　重複 8 次。

☐ **項目 2（28 分鐘）**
　　跑步 1 分鐘，走路 2 分鐘。
　　重複 6 次。

☐ **項目 3（31 分鐘）**
　　跑步 1 分鐘，走路 2 分鐘。
　　重複 7 次。

訓練建議

　　使用「滑步慢跑」（shuffle-jog）的技巧以便緩慢地開始跑步——身體挺直，手臂小幅擺動，採取不過度抬高膝蓋的短步伐。試著不要彈跳；這裡的重點在於使用拖曳步。（想像拳擊手訓練時簡短而有力的手臂動作和迅速的擦地移步，甚至舞者跳恰恰的樣子。）將體重分散到腳掌的中部到前部；不像走路明顯是將重量分布在腳跟到腳尖（heel-toe）。從走路轉換到跑步（反之亦然）應該要流暢到身體和頭腦幾乎難以察覺兩者的差別。

第 2 週：建立基礎

☐ **項目 1（38 分鐘）**
　跑步 2 分鐘，走路 2 分鐘。
　重複 7 次。

☐ **項目 2 （31 分鐘）**
　跑步 1 分鐘，走路 2 分鐘。
　重複 7 次。

☐ **項目 3 （34 分鐘）**
　跑步 2 分鐘，走路 2 分鐘。
　重複 6 次。

訓練建議

　　你可能會覺得上週的 1 分鐘滑步慢跑相當容易。如果你維持緩慢且輕鬆的速度，你甚至可能因為你付出的努力是如此渺小而感到挫折。在這一週試著完成一些 2 分鐘的原地跑循環，提醒自己維持從容、輕鬆的步調是什麼感覺。別忘了我們上週介紹的滑步慢跑技巧。

第 3 週：增加跑步時間

☐ **項目 1（45 分鐘）**
　跑步 3 分鐘，走路 2 分鐘。
　重複 7 次。

☐ **項目 2（34 分鐘）**
　跑步 2 分鐘，走路 2 分鐘。
　重複 6 次。

☐ **項目 3（40 分鐘）**
　跑步 3 分鐘，走路 2 分鐘。
　重複 6 次。

訓練建議

　　當訓練中跑步的部分時間變得愈來愈長，切記你的節奏和速度乃由手臂的擺動所控制。試著保持兩邊肩膀的高度一致並放輕鬆。讓手臂舒適地前後擺動，手肘保持收攏在身體兩側。這能幫助你維持一個舒服的節奏，你的雙腿亦將隨之調整。當你的身體逐漸適應而且你的體適能獲得提升，更大的步伐和更快的速度自然會隨之而來。然而就現階段而言，你個人的節奏和速度才是重點。

第 4 週：輕鬆恢復週

☐ **項目 1（40 分鐘）**
  跑步 3 分鐘，走路 2 分鐘。
  重複 6 次。

☐ **項目 2（30 分鐘）**
  跑步 2 分鐘，走路 2 分鐘。
  重複 5 次。

☐ **項目 3（40 分鐘）**
  跑步 2 分鐘，走路 3 分鐘。
  重複 6 次。

訣竅

永遠試著正面思考。專注在好的感覺上，而不是在痛苦上。在訓練計畫的初期，各種疼痛會在身體開始適應新的壓力強度時產生。請保持你的耐心：這些都是鍛鍊過程的一部分。

訓練建議

　　從第一週以來你已經進步許多，而在你緩慢地鍛鍊體適能的過程中，你的身體需要一些休息。還記得當你初次接觸這些間歇跑時，你對自己是多麼沒有把握嗎？現在你應該更熟悉你的舒適地帶（comfort zone）而且對自己的節奏和速度更有信心了。享受這個「安逸」週，並保持放鬆且舒服的步調。

找出一個願意和
你一起投入這套
13 週訓練計畫
的運動夥伴。知
道有人在街角等
著你必定有所助
益——這股督促
和支持對方完成
訓練項目的力量
是相當驚人的。

第 5 週：專注在「滑步」上

☐ **項目 1（46 分鐘）**
　跑步 3 分鐘，走路 1 分鐘。
　重複 9 次。

☐ **項目 2 （34 分鐘）**
　跑步 2 分鐘，走路 1 分鐘。
　重複 8 次。

☐ **項目 3 （42 分鐘）**
　跑步 3 分鐘，走路 1 分鐘。
　重複 8 次。

訓練建議

　　在經過上週的「恢復」之後，本週的三分鐘間歇滑步慢跑
對你來說應該不成問題。現階段最大的差別是你走路（恢復）
的時間減少到一分鐘，它會很快就過完，所以用滑步的速度來
跑就比以往任何時候都來得重要。如果你覺得自己好像氣喘如
牛，而且顯然不是用能夠交談的速度在跑，那麼你就必須放慢
速度。

第 6 週：增加運動量

☐ **項目 1（52 分鐘）**
　　跑步 5 分鐘，走路 1 分鐘；重複 7 次。

☐ **項目 2（38 分鐘）**
　　跑步 3 分鐘，走路 1 分鐘；重複 7 次。

☐ **項目 3（50 分鐘）**
　　跑步 3 分鐘，走路 1 分鐘；重複 10 次。

訓練建議

　　在這個階段你可能會開始覺得疲勞。雖然稍事休息相當誘人，但請你堅持下去；你應該很快就會開始覺得好多了。這是一個暫別大馬路，改以搜尋較軟路面、草地或野外小徑做為練習場地的好時機。新的路面將提供雙腿渴望已久、有別於人行道的喘息機會並帶來沿途風景的改變。請你繼續堅持，疲勞的感覺將會消退。記得監控你的速度，如果必要就放慢速度以免受傷。

中途檢查

　　這套13週走跑訓練計畫的終極目標是讓你安全且舒服地跑完10公里的路程。現在你已經進行到計畫的一半了，此時正是評量你的感覺的好時機。誠實地面對自己，並要了解每個人對訓練的反應各不相同。如果跑步的部分對你來說是輕鬆的，那麼請你繼續跟著訓練計畫的進度走。你的跑步時間將會持續增加，其間穿插的走路時間將會明顯減少。到了第13週結束，你將會準備好用極少的走路時間（如果有的話）跑完10公里的路程。

　　如果你至今都在掙扎著完成跑步的部分，或者你純粹覺得維持走跑穿插訓練是個好主意，那麼你可以選擇我們自此時起納入的走跑方案。你依然能夠在13週結束後做好跑完10公里路程的準備，只是你將會以走跑穿插的方式完成，而非全程都是跑步。事實上，你跑步的部分將絕對不會超過10分鐘，而且總是會伴隨短暫的走路部分。

　　重點是要在整個訓練計畫的過程中感到舒服——要知道你永遠可以根據你的感覺將訓練項目切換成每週建議的走跑方案。

第 7 週：完成一半以上了

☐ **項目 1（54 分鐘）**

跑步 10 分鐘，走路 1 分鐘。
重複 4 次，或在 5 公里的路程重複以上模式。

☐ **項目 2 （40 分鐘）**

跑步 4 分鐘，走路 1 分鐘；重複 6 次。

☐ **項目 3 （52 分鐘）**

跑步 5 分鐘，走路 1 分鐘。重複 7 次。

走跑方案

☐ **項目 1（52 分鐘或 5 公里路程）**

跑步 6 分鐘，走路 1 分鐘。
重複 6 次，或在 5 公里的路程重複以上模式。

☐ **項目 2 （40 分鐘）**

跑步 4 分鐘，走路 1 分鐘。重複 6 次。

☐ **項目 3 （50 分鐘）**

跑步 4 分鐘，走路 1 分鐘。重複 8 次。

訣 竅

在颱風的日子裡調整訓練的步調：當一開始精力還充沛的時候逆風跑，回程則順風跑。

訓練建議

　　恭喜你！你已經完成一半以上的訓練計畫，並且明白許多關於你身體的能耐。在剩下的幾週將有走跑方案供你隨時轉換。在本週增強你的信心，並用 5 公里的路程測試自己。尋覓一個合適的地點，標示出確切的 5 公里路線，並在這條路線上進行指定的鍛鍊。記住要保持輕鬆並維持步調的一致。專注在手臂的擺動上，腿部自然會跟進。

訣 竅

水中跑步遠比一趟趟地來回游泳有趣得多。找個朋友一起進行，你們可以像在慢跑一樣相互交談。為了打發時間，你可以快慢交替地跑。挑選一個會放好音樂的泳池並隨著音樂起跑！

第 8 週：輕鬆恢復週

☐ **項目 1（54 分鐘）**
　跑步 10 分鐘，走路 1 分鐘；重複 4 次。

☐ **項目 2 （38 分鐘）**
　跑步 3 分鐘，走路 1 分鐘；重複 7 次。

☐ **項目 3 （46 分鐘）**
　跑步 5 分鐘，走路 1 分鐘；重複 6 次。

走跑方案

☐ **項目 1（52 分鐘）**
　跑步 5 分鐘，走路 1 分鐘；重複 7 次。

☐ **項目 2 （38 分鐘）**
　跑步 3 分鐘，走路 1 分鐘；重複 7 次。

☐ **項目 3 （46 分鐘）**
　跑步 2 分鐘，走路 1 分鐘；重複 12 次。

訓練建議

　　你已經達到你的 13 週訓練計畫的另一個重要里程碑。每逢第四週是得來不易的恢復週：本週的停滯期將是稍事休息的好時機，特別是當你有任何不尋常的疼痛時。試著用某項交叉訓練（cross training）運動取代其中的一個訓練項目，例如在泳池的深水側進行你的走跑訓練，使你的腿在得到休息的同時仍然持續進行有氧訓練。

第 9 週：重返訓練

☐ **項目 1（68 分鐘）**

　跑步 10 分鐘，走路 1 分鐘。
　跑步 15 分鐘，走路 1 分鐘。
　跑步 20 分鐘，走路 1 分鐘。
　跑步 10 分鐘。

☐ **項目 2（46 分鐘）**

　跑步 5 分鐘，走路 1 分鐘；重複 6 次。

☐ **項目 3（54 分鐘）**

　跑步 10 分鐘，走路 1 分鐘；重複 4 次。

訣　竅

隨著鍛鍊時間的增長，試著做些改變讓自己保持活力。規劃一條單向路線，並讓某人準備一套乾淨的衣服到終點接你。之後一起享用一頓美好的點心、午餐或是晚餐做為慶祝。

走跑方案

☐ **項目 1（66 分鐘）**

　跑步 6 分鐘，走路 1 分鐘；重複 8 次。

☐ **項目 2（45 分鐘）**

　跑步 4 分鐘，走路 1 分鐘；重複 7 次。

☐ **項目 3（55 分鐘）**

　跑步 4 分鐘，走路 1 分鐘；重複 9 次。

訓練建議

　　該是回歸正題的時候了。在輕鬆恢復週之後，你已經準備好再次提高運動量。本週你將面臨持續增加的跑步時間和整體鍛鍊時間，而你已做好充分的準備。保持信心、堅決和放鬆。讓你的手臂控制你的節奏，最重要的是，維持緩慢的步調和可以談話的速度。現階段走路的部分對你而言只是心理上的休息。

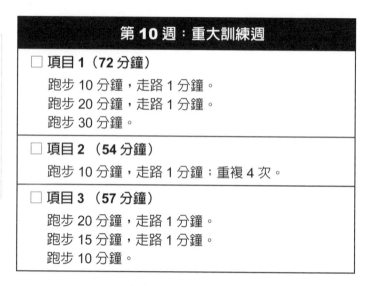

第 10 週：重大訓練週

☐ **項目 1（72 分鐘）**
　　跑步 10 分鐘，走路 1 分鐘。
　　跑步 20 分鐘，走路 1 分鐘。
　　跑步 30 分鐘。

☐ **項目 2（54 分鐘）**
　　跑步 10 分鐘，走路 1 分鐘；重複 4 次。

☐ **項目 3（57 分鐘）**
　　跑步 20 分鐘，走路 1 分鐘。
　　跑步 15 分鐘，走路 1 分鐘。
　　跑步 10 分鐘。

走跑方案

☐ **項目 1（73 分鐘）**
　　跑步 8 分鐘，走路 1 分鐘；重複 7 次。

☐ **項目 2（55 分鐘）**
　　跑步 4 分鐘，走路 1 分鐘；重複 9 次。

☐ **項目 3（58 分鐘）**
　　跑步 5 分鐘，走路 1 分鐘；重複 8 次。

訓練建議

　　本週是重大訓練週，因為你會花更多的時間在跑步上，期間會穿插尋常的走路恢復時間。你已經做好了準備：專注在一個放鬆、自在的手臂擺動以維持你的節奏。記住，雖然你可能會想要跑快一點，但現階段「速度」其實無關緊要。這部分訓練計畫的重點在於習慣衝擊力和距離，而這對大多數人來說通常是最困難的部分。保持活力，用微笑戰勝疲勞。這是具有感染力的。而當有人對你報以微笑時，你將感覺棒極了！

第 11 週：建立信心

☐ 項目 1（**71 分鐘**）

　跑步 40 分鐘，走路 1 分鐘。跑步 20 分鐘。

☐ 項目 2 （**54 分鐘**）

　跑步 10 分鐘，走路 1 分鐘；重複 4 次。

☐ 項目 3 （**57 分鐘**）

　跑步 20 分鐘，走路 1 分鐘。
　跑步 15 分鐘，走路 1 分鐘。
　跑步 10 分鐘。

訣 竅

在保持健康和避免受傷的情況下鍛鍊。用充足的睡眠、均衡的飲食和維持體內水分來照顧自己的身體健康。隨身攜帶水瓶並在一天當中隨時補充水分。

走跑方案

☐ 項目 1（**76 分鐘**）

　跑步 10 分鐘，走路 1 分鐘；重複 6 次。

☐ 項目 2 （**55 分鐘**）

　跑步 4 分鐘，走路 1 分鐘；重複 9 次。

☐ 項目 3 （**58 分鐘**）

　跑步 5 分鐘，走路 1 分鐘；重複 8 次。

訓練建議

　　本週你的運動量和累計跑步時間達到最高點；你將需要前所未有的熱忱。假如你維持在你個人能夠交談的速度內，現階段的你已經可以跑完 10 公里的路程！如果你採用的是走跑方案，你已經可以一次跑上 10 分鐘，而且達到鍛鍊時間 76 分鐘的里程碑。不論你選擇哪一種方案，現階段你跑步的時間都遠遠超過走路的時間。

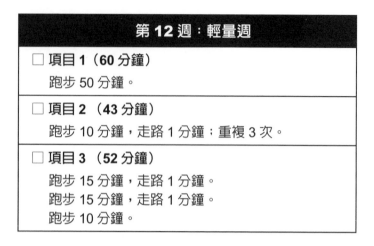

第 12 週：輕量週

☐ **項目 1（60 分鐘）**
跑步 50 分鐘。

☐ **項目 2 （43 分鐘）**
跑步 10 分鐘，走路 1 分鐘；重複 3 次。

☐ **項目 3 （52 分鐘）**
跑步 15 分鐘，走路 1 分鐘。
跑步 15 分鐘，走路 1 分鐘。
跑步 10 分鐘。

走跑方案

☐ **項目 1（64 分鐘）**
跑步 8 分鐘，走路 1 分鐘；重複 6 次。

☐ **項目 2 （40 分鐘）**
跑步 4 分鐘，走路 1 分鐘；重複 6 次。

☐ **項目 3 （52 分鐘）**
跑步 5 分鐘，走路 1 分鐘；重複 7 次。

訓練建議

　　就快達成目標了！本週是一個相當重要的恢復週。在心理上想像自己跑完 10 公里的路程；至於參加 10 公里路跑活動的人，則是想像自己越過終點線。你能夠辦得到。在這個階段，拒絕以將來的比賽路線「考驗自己」的誘惑。對自己的準備工作有信心並為比賽日保留最佳狀態。如果你一定要評估自己是否能完成賽程，跑 8 公里就好，讓自己感覺良好並想要更多。

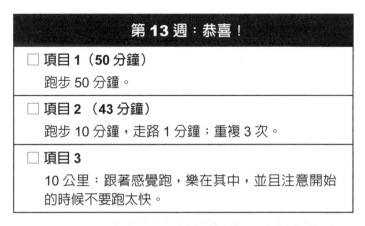

第 13 週：恭喜！

☐ 項目 1（**50 分鐘**）

跑步 50 分鐘。

☐ 項目 2 （**43 分鐘**）

跑步 10 分鐘，走路 1 分鐘；重複 3 次。

☐ 項目 3

10 公里：跟著感覺跑，樂在其中，並且注意開始的時候不要跑太快。

走跑方案

☐ 項目 1（**54 分鐘**）

跑步 10 分鐘，走路 1 分鐘；重複 4 次。

☐ 項目 2 （**40 分鐘**）

跑步 4 分鐘，走路 1 分鐘；重複 6 次。

☐ 項目 3

10 公里：跟著感覺走跑穿插地跑，樂在其中，並且注意一開始的時候不要跑太快。

訓練建議

　　你已經準備好以全程跑步或是走跑穿插的方式安全地、舒服地跑完 10 公里的路程。對自己的準備充滿萬全的信心：最困難的部分已經過去了，現在是壓軸好戲上場的時候。本週是讓你的肌肉和頭腦完全恢復的美好一週，你會感覺得到休息並做好充分的準備。你辦到了！

13 週走跑訓練計畫的一般要訣

技巧
- ✓ 走路和跑步對我們來說是再自然不過的事，然而每個人的技巧則是獨一無二的。
- ✓ 隨著你變得強壯，以及如果你能夠在訓練計畫中納入一些奔跑訓練來鍛鍊肌力，你個人的跑步技巧將會隨之進化。
- ✓ 記得在走路或慢跑的時候擺動你的手臂；你的手臂主宰著你的速度。
- ✓ 如果你留意手臂的擺動，雙腿的動作自然就會跟上。

避免「側腹痛」（痙攣）和肌肉緊繃
- ✓ 藉著用力呼氣改變呼吸方式（在呼氣時發出哼的聲音）。
- ✓ 腹式呼吸（主要用橫膈膜呼吸）。
- ✓ 透過運動強化核心（腹部）肌力。
- ✓ 用大拇指和中指撐捏放鬆肩膀，透過按壓這個穴位釋放上半身的壓力。

為了補充這套 13 週走跑訓練計畫的不足
- ✓ 持續一週三次的跑步或是走跑穿插訓練。
- ✓ 參加跑步或是健走俱樂部。
- ✓ 報名跑步或是健走活動 —— 洽詢在地的跑鞋專賣店或社區活動中心。
- ✓ 寫訓練／運動日誌記錄你的鍛鍊歷程。
- ✓ 嘗試其他的活動 —— 騎單車、游泳和健行只是跑步眾多理想替代方案的一小部分。
- ✓ 更多好點子請參見第 11 章。

CHAPTER **5**

跑步的心理學

從定義上來看,你確實是個運動員。這聽起來似乎有點誇張,然而一旦你穿上一雙好的跑鞋,你和世界上最好的跑者就在相同的立足點上——如果你能了解這當中的一語雙關。「喔,當然了,」你說:「彷彿我能和世界頂尖跑者一起跑步一樣!」事實上,你的確可以。

跑者在其跑步生涯的早期就已經明白若是沒有健康的頭腦，即使有健康的身體也無法跑得太遠。在訓練過程中的某個時候——也許是在一個既寒冷、又下雨、又颱風的日子裡——你可能會發現自己凝望著窗外，並發覺自己找藉口的功力一流。你將能想出各種理由來迴避踏出家門、進入那個霎時變得與跑步爲敵的世界。或許外面的世界並沒有那麼充滿敵意，只是你沒有那個心情罷了。在這場心理遊戲中，唯一的參加者既是贏家也是輸家。你贏，因爲你得以避免做你不想做的事；你輸，因爲你規避了你明白你應該要做的事。

　　堅持走在正確的道路上有時候比一開始就踏上正確的道路還來得困難。本書的13週走跑訓練計畫專門用來協助你成爲一個跑者，同時讓你暴露在最小的生理和心理風險之下。然而跑步是一種鍛鍊。升高的心率和持續增加的距離將使你汗流浹背而且筋疲力竭。雖然你的身體和頭腦會因此獲益，但動作本身卻是吃力的。因此，當你繼續進行訓練計畫，甚至日後當你已經訓練自己成爲一名跑者時，可能會有一些時日你就是不想要跑步。本章將提供面對這類情況的建議。

傾聽你的身體

　　有時候你應該傾聽你的身體並且不要跑步。如果你生病了，此時對你的身體施加額外的壓力可能會引起受傷或更嚴重的疾病。你的身體需要力氣去復元，而你應該給它一個機會。這包括了你因爲在外面待得太晚、吃太多東西或喝太多酒而讓自己生病的時候。（許多人認爲劇烈運動是治療宿醉最好的辦法，然而這也許比較像是一種自我懲罰的渴望，而不是運動帶來的益處。不要過度放縱，以便在一開始就避免掉這樣的問題。）

　　當你受到輕傷，或是帶著一個不悉加照料就可能變嚴重的小傷去跑步時也是一樣。有些運動員經常需要照護各種慢性疼痛，而許多其他的運動員卻似乎從未受到長期疾患之苦。如果你問這兩類人如何處理運動傷害，你會發現，慢性受傷的人幾乎千篇一律地認爲帶著疼

痛跑步比停下來休息或處理問題來得高尚。這些人通常會說，「忽略它，久而久之就沒事了。」

他們往往是錯的。

訓練你的頭腦

幹勁是個奇妙的東西。或許你已經發現，當你不是真正面對你要自己完成的任務時比較有幹勁。當拿破崙談及「清晨的勇氣」（the courage of the early morning）時他即了解這一點。在幾杯黃湯下肚後，

克里斯

在過了 40 年懶散的生活之後，克里斯發現在他掙扎著度過中年時期的同時，他對自己的健康狀況產生了疑惑。這位 64 歲的連鎖禮物店的老闆決定加入跑步課程。「一開始的時候有點令人膽怯；那裡幾乎沒有任何其他像我這麼老的人。然而訓練計畫以相當緩慢的速度展開，我發現自己可以應付得來。」

他並補充，體適能的提升也對他的婚姻帶來正面的影響。雖然她的太太還沒有開始跑步，但她開始溜起直排輪，而且現在也會溜著直排輪陪他氣喘吁吁地跑過當地的公園。

偶爾他會失去幹勁，但他已經明白一旦遇到興趣缺缺的時候，最好的辦法就是打電話給朋友，然後仰賴夥伴制度帶來的支持力量。「有些下雨的夜晚讓外出跑步變得相當艱難，但我發現最好的作法就是和其他人一起跑而不要試著單獨進行。對我來說祕訣不外如此；我一向主張如果你試圖要當獨行俠，你將永遠不會成功。」

士兵會在晚上圍著營火吹噓，但當太陽從地平面升起、上場征戰的時刻一到，卻往往變得沒有那麼勇敢。拿破崙說，真正勇敢的人是那些到了披掛上陣的時候還保有勇氣的人。

對運動員來說也是一樣。當燈光熄滅，你在被窩裡安然地打盹時，征服群山峻嶺或跑馬拉松在此刻顯得相當容易；但當你醒來的時候就完全是另一回事了。為了從夢想家變成實踐者，你必須像訓練你的身體那樣地訓練你的頭腦。

沒有人光是說「我要成為一名跑者」，然後一兩個月後就跑過紐約馬拉松的終點線。為了成為一名跑者，你得長期慢慢地訓練你的身體。如果你堅持採用本書的訓練計畫，你將養成更強健的心血管系統和堅韌的肌肉骨骼系統，而且你將能跑上好些距離而不會氣喘如牛或拉傷你的阿基里斯腱。

你的頭腦也需要訓練。你不會從在星期二想著跑步的人都是瘋子，然後到了星期三轉而激勵自己跑步30分鐘。像訓練你的身體那般去訓練你的頭腦：適度地、持續地，並且用休息來獎勵它所做的努力。如果你做這些事，你的頭腦會幫助你達成目標，而不是破壞它們。

想像自己是運動員

你的頭腦最首要的目標是想像自己是一個運動員。不論你能跑多遠，你是一個運動員。不管你開始跑步的理由是什麼——無論是減重、促進整體健康、增加社交接觸或其他——你就是一個運動員。在追求目標的過程中，你加諸自己規律的訓練課程，並對頭腦和身體施加壓力，因此從定義上來看，你確實是個運動員。這聽起來似乎有點誇

張，然而一旦你穿上一雙好的跑鞋，你和世界上最好的跑者就在相同的立足點上——如果你能了解這當中的一語雙關。「喔，當然了，」你說：「彷彿我能和世界頂尖跑者一起跑步一樣！」事實上，你的確可以。舉例來說，如果你去排隊參加倫敦馬拉松，你就會和世界首屈一指的好手短兵相接，跑在相同的路面、使用相同的設備。他們可能很快地就從你的視線消失，而且好幾個小時不會再出現，然而和其他運動不同的是，跑步讓業餘運動員得以和世界一流好手同場較勁。

　　你和三小時內跑完馬拉松的人之間唯一有意義的差異是他們訓練的時間比你要長得多。當然也有一些讓任何運動看起來都易如反掌的天才型運動員，這些人憑藉著上天賦予的身體和心臟得以擁有驚人的肌力與耐力。然而在大多數的情況下，他們那些看似不費吹灰之力的表現都是由數萬小時的努力鍛鍊得來的。而每個人都可以努力鍛鍊，包括你。

　　當你開始想像你是一個運動員，你將會發現運動變得更容易。大部分的心理學家會告訴你，想像自己是特定的某個人會讓你更容易成為那個人。你可能是個業餘運動員而非世界級的競技運動員，然而你們的目標還有付出的努力只有程度上（而非類型上）的差異。如果你學著去重視那些目標，並想著你為了達成它們所付出的努力是值得的，那麼你也會在追求目標的過程中提升你的自尊。

找到自己的焦點，「樂趣」會隨之而來

　　勵志專家會告訴你，塑身最好的辦法就是找一個能讓你樂在其中，同時能促進健康的活動。當你剛開始跑步的時候，你可能會覺得要從中發現樂趣似乎有點難。雖然跑

真　　相

早晨是跑步的最佳時機之一。不只因為統計上受傷的機率較小，也因為一天中計畫要做的第一件事通常都會完成。

步有很多令人享受的地方，但樂趣比較像是一個必然的結果，而不是其本質的一部分。有些人似乎天生適合跑步，而這些人從一開始就相當樂在其中。如果你不是他們其中之一，那麼就專注在你原來開始跑步的動機上。如果你當初是爲了增進社交生活，就想想所有你結交的新朋友；如果你尋求的是跑步時獨處的時間，就專注在那上面。如果你是爲了提升體適能而開始跑步，那麼別忘了你踏出的每一步都使你更加健康。

真正的好消息是，儘管樂趣可能不是吸引你開始跑步的關鍵，但之後它一定會發揮效用。當你完成這套13週走跑訓練計畫，並練到可以連續跑上30分鐘或更久的時候，你會發現自己得到更多的樂趣。當你的心臟開始劇烈跳動，你將會享受到體內的強健和力量帶來的感覺。你會期待和你的跑步夥伴或你加入的跑步團體碰面連絡感情。或者你也許會期待在跑步穿越世界邊緣的某座森林時，獨自遠離人群並思考你自己的想法。

求新求變

大多數的新手跑者滿懷期待地展開訓練計畫；他們將熱情建立在一連串環環相扣的目標上。隨著訓練計畫的進展，你將會面對日益增加的身體和心理壓力，這樣的壓力本身可以爲你帶來很大的動力。你在各個壓力水平所展現的能耐也會帶給你滿足感，然而這有時候是不夠的。

曾經與加拿大的許多體育活動合作的臨床心理學家大衛・考克斯（David Cox）博士建議，在投入跑步運動之後應該持續尋找享受跑步的新方法。舉例來說，一開始你可能會覺得在你的社區附近跑步能獲得足夠的回報，但隨著時間過去，這樣的感受可能會煙消雲散——你已經多次見

摘　　要

如何成功設定目標
- 設定可計量的明確目標。
- 拒絕拿自己和他人比較的誘惑。
- 設定達成目標的極限。
- 設定具挑戰性但切實的目標。
- 設定短期和長期目標。
- 設定正面的，而非負面的目標。
- 評量你的進展，並花點時間恭喜自己。

過相同的垃圾桶並被同一隻狗追著跑，你覺得再也無法忍受了。當這樣的情形發生的時候，就是你改變跑步習慣的時候了。找個不同的地點，盡情去探索：在公園裡、沿著海灘，或到鄉下跑步。帶著愛犬一起跑，或改變一天中跑步的時間；你不需要讓跑步變得了無新意。

和同伴一起跑

另一個點燃熱情的方法是找個夥伴或加入團體一起跑步。和同伴一起跑步不止提供了一個值得期待的社交機會，它也讓你負起責任——時間到了你應該要出現。參加跑步團體可以在許多方面得益。跑步團體的成員形形色色，就像叢林裡聚集在水潭邊的生物一樣，但一談到跑步，他們就變成對類似活動都抱持著熱情的同一種人。跑步是一項偉大的全民運動，當你們一起跑在路上，沒有人會在乎你是腦部外科醫師或工友、是律師或咖啡師。在這件事情上你們就像是彼此的兄弟或姊妹，而正如同你的跑步同伴是幫助你克服惰性的動力來源，你也督促他們跑步。有時候還有一些其他的回報，包括跑步以外的社交活動，像是早午餐或晚餐聚會。你永遠不知道會發生什麼事，你甚至可能遇見某個特別的人。（雖然跑步團體不是單身男女搭訕另一半的場合，但愛情也並非從未在路途中開花。）

騰出時間跑步

團體跑步不見得適合每個人。有些人認為跑步時獨處的時光讓一切的辛苦都變得值得。在工作和家庭生活之間感到喘不過氣來的人通常求助於跑步，因為這是他們唯一得以與自己獨處的時間。運動心理學家大衛‧考克斯相信，在下班後到回家前之間的空檔跑步是維持頭腦清楚最好的辦法之一。「文獻顯示大多數失去熱情的人在工作和家庭之間需要某種形式的紓壓，而運動能夠做為兩者之間一個極佳的緩衝。有時在下班後和開始與家人互動之前去跑步可以對家庭生活產生相當正面的影響。跑步讓你以一種安全的方式紓壓，而且比上酒吧或

摘　要

沒有時間運動嗎？
- 利用午休時間快步走。
- 提早幾站下公車以走路取代。
- 結合不同的活動 —— 在健身車上閱讀、一邊和朋友散步一邊交際、看電視的同時腳踩跑步機。

回家喝一杯健康多了。」

　　如果你深受壓力所折磨、經常擔心生活失去平衡，那麼一個規律的跑步計畫能賦予你一個完全自主的生活領域，一個當一切其他的事物似乎都帶點瘋狂成分的時候你所能控制的領域。這種控制感甚至能夠延伸到你生活中的其他部分。

　　隨著社交媒體的興起，線上社交網路變成我們的私人和專業生活中不可或缺的一部分。事實上，要找到像自己一樣致力於學習跑步的同好並不容易，而加入眾多線上跑步支持團體之一或許正可以提供你所尋求的支持。網路上還有琳瑯滿目的重要資訊等待你去發掘（請見第219頁到第222頁的〈引用來源和參考資料〉），但請不要使用它們去改變你的訓練計畫。請堅持採用13週走跑訓練計畫提

跑者筆記

泰瑞莎

　　泰瑞莎在 37 歲生完第二個小孩的時候才認為她需要將跑步融入生活。「在生完第二胎四週過後，我照著鏡子，一點也不喜歡我看起來的樣子，」她回憶道。現在，即使她的護士工作相當忙碌而且還有兩個小孩要養，泰瑞莎從來不會找不到時間去跑步。「總有半小時或一小時的時間，」她說，「你只需要讓自己起身然後去跑步。」

　　她也有一些有用的技巧讓她得以抽空跑步。首先，她堅持老早就將跑步排入她的日程表。「如果我在一天的開始告訴自己這將是我所要做的事，通常我就會完成它。」另一個技巧甚至更謹慎 ——「如果我不想去，無論如何我還是會穿上跑步的裝備。當我穿戴完畢，外出跑步自然也就變得順理成章了。」

出的鍛鍊方案。

追蹤你的足跡

正如前一章所提，寫訓練日誌能幫助你保持幹勁。就像和同伴一起跑一樣，訓練日誌代表你必須對此負起責任：如果你開始寫訓練日誌，你將會發現你很難逃避責任，因為那些空白的日誌頁面就擺在你的眼前。

同樣地，寫訓練日誌也能幫助你安排訓練的時程。假設你已經在行事曆的星期三下午四點寫下「跑步訓練」，如果某人打電話跟你約星期三下午四點半碰面，你就可以告訴他們你已經有事了，並提議在其他時間碰面。訂下確切的日期可以賦予你勇氣向會耽誤你訓練的活動說「不」。

原諒自己

當然有些時候生活的忙碌會讓你無法進行訓練。你可能已經進行了五週的訓練，一切進展良好，而且對自己感到滿意極了。或許你正開始減去一些重量並注意到變得更健壯的身體所帶來的更多能量。然後發生了某件事使你的訓練中斷，可能你去度假，或你在工作上承受了極大的壓力，重點在於你就是抽不出時間去跑步。由於你漏掉了幾週的進度，你可能會認為自己的狀態回到了原點。

這還不到喪失信心的時候。首先，你的體態或許比你以為的還要好。一旦你擁有美好的體態，你只需要短時間就能再度達到先前的體適能水平。

即使更糟的情況發生了——你放棄了，而且必須回到13週訓練計畫的開頭重新開始——那又怎樣？抽菸的人通常得嘗試好幾次才能成功戒菸，而這並不會讓原先的目標

> **摘　　要**
>
> 打擊壓力的要訣：
> - 規律的運動。
> - 適當的飲食。
> - 充足的睡眠。
> - 不為瑣事煩惱。
> - 想像正面積極的事情使自己平靜下來。
> - 學著說「不」。
> - 訂定事情的優先順序。
> - 保持冷靜。
> - 全力以赴，其他的事情不用多想。

或最後的成果顯得比較沒有價值。要知道一流的運動員經常採用與13週走跑訓練計畫相似的訓練方案在嚴重受傷後重拾美好的體態。如果從頭來過在他們身上可以奏效，在你身上當然也可以。

用正確的方式和自己說話

許多運動員都發現心魔才是自己最強大的對手。運動是一個嘗試錯誤的過程，重要的是運動的人能夠超越他們的錯誤，並充分尊重東山再起的自己，然後在下次做得更好。運動心理學家大衛‧考克斯指出，負面的自我談話往往招致負面的結果。下次當你發現自己身陷負面的自我對話時，問問自己這是否對你正在努力做的事情有過任何幫助？如果你無法跟上訓練進度，與其責備自己的失敗，不如試著堅持相信你一定會完成這13週的訓練計畫。

跑者筆記

雷蒙

儘管雷蒙一直考慮要跑步，但他直到 60 歲從工作崗位退休的時候才做好準備。「在我的內心深處，我總是想看看我是否有能耐做這件事。」他的太太聽說了 13 週走跑訓練計畫，然後雷蒙決定試試看。他說，「剛開始的時候這對我來說非常困難，有好幾次我都認為我將無法完成它。」

雷蒙指出讓他完成訓練計畫並跑完 10 公里賽事的兩個關鍵。「第一，我不是那種會全力以赴的人，所以要是沒有那套嚴密的訓練計畫，我或許會厭倦跑太遠或太快，最終做出自己並不適合跑步的結論。」那麼第二個關鍵呢？「我曾經幾度想要放棄，但我太太不准我這麼做！」

利用暖身做為激勵

如果你在一天的長時間工作後覺得疲倦，這時候暖身可以發揮很大的效用。暖身除了能讓身體做好運動的準備並避免受傷，它還可以讓你在心理上振作起來，並運輸更多的含氧血到你倦怠的大腦激勵你繼續活動。如果你真的不想跑步，無論如何說服自己做點暖身。當你結束暖身的時候，你可能就會想要跑步了。

如果你在不想跑步的時候——而不是在身體呼求必要的休息的時候（請見第68頁〈傾聽你的身體〉）——試圖強迫自己進行訓練，久而久之你會因為自己能夠戰勝淡漠和惰性帶來的挑戰而開始感覺良好。這樣的勝利會形成一個良性循環：你戰勝自己的次數愈多，你會認為你有愈大的勝算；當你認為你有愈大的勝算，你戰勝自己的次數就會愈多。

提醒自己事情會愈來愈簡單

你在訓練過程中走得愈遠，它就變得愈容易。在你嶄新的運動生活剛開始的三到四個月，跑步對你的頭腦來說可能會是一個有意識的活動，對你的心臟、肺臟、膝蓋和腳踝來說也是如此。正如提姆·諾可斯博士所言，「困難的部分在於撐過初期的階段，在這個階段你會不停地想著你的步伐和你的呼吸，或產生自己永遠不會熬過另一個關卡，以及就算熬過也可能會沒命的念頭。」但經過最初的幾個月後，跑步會變成一個無意識的行為，諾可斯說，而且「最終，隨著頭腦掌控全局，你將停止思考這些事。給身體一點時間，你的頭腦將變得和心血管與肌肉骨骼系統一樣地發達。」

不只在心理上會變得更容易，如果你堅持跟隨訓練計畫而且避免超前進度的誘惑，那麼不論你做什麼健身活動，你都會盡可能以最小的身體勞損進階到下一個訓練階段。

進行內心演練

內心演練的重點在於想像自己涉入一個你想征服的活動，是一個做好心理和身體準備的方法。

想想在你睡覺的時候所發生的事。無疑地，你曾在生活中的某些時候有過逼眞的夢境，它造成的刺激引起你身體的反應，這樣的反應甚至可以強烈到讓你從夢中醒來。當你陷入那一瞬間的情緒波動，你的頭腦無法分辨夢境與現實，而此時身體進行動作的衝動會強大到讓你突然驚醒。你在走路的時候也可以獲得同樣刺激身體活動的力量。讓我們做個實驗：試著想像你在你最喜歡的跑步路線上，從頭開始感覺你的心率逐漸上升、空氣流動進出肺部。想像你覺得強壯而且充滿活力，以及如果你想要，你就可以偏離原定路線，輕鬆地跑上最近的山頭。現在，你是不是覺得想要跑步了呢？

突破障礙

生活很困難，找藉口卻很容易。這裡是一些常見的運動障礙，以及一些克服它們的實用方法。

- 妳是一位勤勞的母親，而且妳不想爲了偷閒去運動而欺騙家人……記得提醒自己，一個健康、快樂、擁有正面價值觀的母親會對家庭投注更多的能量和耐心。

- 你討厭自己看起來的樣子，而且不想讓其他人看到你的身體……試著穿讓你感到舒適的機能性運動服，甚至在某個隱密的地方跑步。等到你較能勝任你的運動計畫，屆時你的自我感覺就會變得更好。

- 你在辦公室工作了一整天，除此之外你還有社交生活和家庭生活要顧，而且你累壞了，根本無法跑步……精神不振會讓人更無精打采。而爲了獲得能量，你必須先消

耗能量。這聽起來可能有點矛盾，然而你做得愈多，你能做的就愈多。

- 外面正在下雨、天氣太冷、天氣太熱……穿上順應天候的衣服，然後外出跑步去。

檢查表提案

☐ **1.** 專注在你的訓練上，但要傾聽身體的需求；如果你生病或受傷就應該考慮休息。

☐ **2.** 透過想像自己是一名運動員、求新求變和同好一起跑，以及騰出時間跑步等方法來保持幹勁。

☐ **3.** 如果你漏掉某次的鍛鍊或表現不佳，務必原諒自己，並謹記即使最好的跑者也有休息的時候。

☐ **4.** 專注在你獲得的益處、努力的目標和運動帶來的良好感覺來自我激勵。

CHAPTER **6**

和你的家人
一起跑吧

全家一起跑步！

樂於變更妳的健身計畫，用手推車或嬰兒車帶小孩一起跑步。

要求另一半騎腳踏車陪妳或和妳一起跑步。

鼓勵妳的小孩在妳身邊溜直排輪、騎腳踏車或溜滑板車。

試試吸引人的「目的地」，如跑到最近的冰淇淋店；跑步後
的野餐對小孩來說是另外一個很好的獎勵。

小孩從父母身上學習如何飲食和運動。研究顯示玩在一起，並使運動成為生活固定部分的家庭比較可能養出將運動視為日常生活習慣的小孩。不論你是和你七歲的小孩散步半小時到公園，或是推著嬰兒車和愛犬一起跑步，重點是你在遠離電視機的戶外而且在運動。

我們都知道久坐不動的生活對我們不好。但我們之中的很多人也知道，找到時間和動力運動並持之以恆不見得是件容易的事。工作、家庭和懷孕的需求能讓堅持進行任何類型的健身計畫顯得困難萬分。從懷孕、購買慢跑型嬰兒車（jogging stroller），到訓練你的狗和你一起跑步，本章將提供你關於全家一起健身的資訊以及在家庭擴大的過程中持續運動的策略。

在懷孕期間跑步

你不需要將目光放遠就會看到正在運動的孕婦。到處都可以看到她們：在瑜伽教室做伸展、在地方上的運動俱樂部舉重，以及在每個社區的小徑和街上慢跑。然而，許多婦女仍然會問，懷孕期間是否能夠跑步和運動。簡短的答案是「可以」。身為醫師，同時也是《健康生產：產前健身計畫》（Fit to Deliver: Prenatal Fitness Program）一書的共同作者凱倫・諾達（Karen Nordahl）博士主張，「女人只要感覺舒適，而且沒有妊娠或骨科併發症，她就可以跑步。事實上，懷孕前有跑步習慣的女人經常發現她們在懷孕期間還可以繼續跑上好一段時間，對某些人來說，甚至可以跑到生產前。」

妳在懷孕前並不是一名跑者，現在並不是妳開始跑步的時機。相反地，妳可以嘗試走路、伸展或在社區活動中心上產前運動課。

在諾達博士的《健康生產》一書中，她探討了產前健身計畫對於母親和胎兒的重要性。根據諾達的研究，為準媽媽量身訂做的健身計畫通常造就強壯、健康的母親。相較於久坐不動的孕婦，她們有更舒適的妊娠期，而且生產過程也較為順利。這帶來的益處是深遠的──從降低妊娠糖尿病和高血壓的機率，到較少的剖腹產和較短的陣痛

期。此外，檢驗顯示有運動習慣的母親所生的嬰兒培養運動和語言的能力較他們的玩伴容易而且有效率。

產前和產後婦女的營養提示

登記有案的運動營養學家派翠莎·崔（Patricia Chuey）表示，「整體而言，對一般大眾的健康飲食建議亦適用於懷孕或哺乳婦女。」下列為她的一些建議：

1. 著重全麥和穀片、大量色彩鮮艷的水果和蔬菜、低脂牛奶或牛奶替代品和瘦肉、魚肉、禽肉或其他蛋白質來源。

2. 每天攝取3到4份乳製品或其他營養強化的乳製品替代品（1份 = 1杯牛奶或其他營養強化飲品、¾ 杯／150毫升優格，或 ¾ 盎司／50克起司）。

3. 每天選擇含鐵的良好膳食來源：畜肉、禽肉、魚肉、小麥糊、營養強化麵包（enriched breads）和穀片、板豆腐、白腰豆、菠菜和牡蠣。

4. 每兩到三小時吃一餐或一份點心。

5. 選擇屬於四大食物類別之一的點心。

6. 每天至少攝取6杯液體，包括水。（妳的尿液應該是淡色的）為了確保奶水的持續供應，在妊娠和哺乳期間適當地補充水分對有運動習慣的婦女特別重要。

7. 沒有運動習慣的婦女在懷孕的頭三個月每天應該額外攝取大約100卡路里（相當於一份額外的點心）。在懷孕四到九個月這段期間，孕婦每天需要攝取額外的300卡路里（相當於兩份額外的點心或用餐時稍微加大份量）。如果孕婦維持跑步的習慣，她將需要根據運動的時間和體力消耗的程度攝入更多的卡路里。

8. 傾聽妳的身體並讓食慾主導妳的食物攝取量。這意味著盡可能地選擇健康的食品並傾聽身體內部發出的飢餓訊號。（避免被外部的刺激影響，如社交壓力。）

懷孕跑者的注意事項

雖然大多數的女人可以在懷孕期間規律地運動無礙，保持謹慎仍然是很重要的：

1. 如果妳是一個沒有跑步習慣的孕婦，現在並不是妳開始跑步的好時機。相反地，妳可以嘗試其他活動，例如走路、游泳或產前瑜伽課──我們在本章稍後將會談到這部分。這些選項將對妳改變中的身體帶來較少的衝擊。

2. 對任何骨盆或腹部的不適提高警覺。如果妳經歷這類疼痛，或如果妳在跑步或從事高衝擊性的活動後出血，請盡快諮詢妳的醫生。

3. 如果跑步令妳感到不太舒服，就嘗試走路、游泳或水中跑步。這些是對身體和關節造成較少壓力，但仍具備運動帶來的好處的絕佳活動。

4. 運用常識和判斷力：避免在過於炎熱或潮濕的環境運動，甚至要避免輕度脫水。

5. 利用談話測試確保自己不是鍛鍊得太辛苦。如果妳覺得在跑步過程中說話很難，代表妳把自己逼得太緊了。如果是這樣的話，就停下來休息一下，直到妳呼吸的頻率再次恢復正常，而妳能夠輕鬆地與人交談為止。

6. 醫生已不再建議孕婦在運動的時候檢查最大心跳率；並沒有任何證據顯示當心跳率達到某個預設值的時候就有必要限制運動。

7. 大部分的婦女在懷孕後期會感覺到身體重心的「轉換」，這表示妳的平衡感變得較差。如果這時候妳覺得跑步讓妳很不舒服，該是停下來並嘗試其他運動的時候了。如果妳能繼續跑步直到分娩，務必避免顛簸的地形並跑在平坦的路面上。

除了跑步，我還能做些什麼來維持體態？

如同物理治療師德妮絲・摩貝（Denise Morbey）所言，「對所有的準媽媽來說，傾聽自己的身體是很重要的。」對某些婦女而言，不

論她們的體適能水平為何，在懷孕期間跑步就是不太舒服的一件事；對其他人而言，她們的醫生考量健康因素建議她們不要跑步。但請不要因此變得沮喪。交叉訓練可以在妳恢復例行的跑步訓練之前幫助妳維持全身的體態。記住，這不是一個拿來增進體適能的好時機；維持運動的習慣和保持身體健康是比較實際的目標。這裡有一些建議：

游泳
- 極佳的無衝擊運動。

跑者筆記

珍是一個 35 歲、有兩個小孩的媽媽。她定期上瑜伽課、一週跑步數次，並且和她兩個經由剖腹產出生的小孩一起走很多路。然而，在她當初第一次剖腹產之後，她發現自己很難重回以往活躍的生活方式。「我的醫生建議我花六週的時間再恢復任何類型的運動計畫。但對我來說，我所需要的時間遠多於此。」

珍在剖腹產後的最初幾週大半時間都待在床上，當時的她被禁止爬樓梯與費力的走路。六週過後珍已經可以舒適地四處活動；如果她想要，她已經可以開始從事一些輕緩的慢跑，但她等了幾個月才重回她定期上的瑜伽課。「在剖腹產後，瑜伽對我來說是很好的運動。雖然我的身體已經做好運動的準備，在心理上我還是覺得很脆弱。」

現在珍正在等待第三個小孩來報到與再一次的剖腹產。她用一點瑜伽、走路和一些輕緩的慢跑來維持體態。她的計畫是比以往產後更早回到瑜伽課，因為回顧過去，她相信瑜伽課對她的整體復元有所助益。

珍

- 協助維持有氧適能、上半身肌力、肌肉耐力與呼吸控制。

瑜伽

- 維持身體能量、肌力與柔軟度。
- 運用靜態伸展、運動、呼吸和放鬆的技巧。
- 確保藉由各種類型的課程鍛鍊不同的部位。
- 透過教室環境裡的同伴和指導者獲得支持的力量並建立人際網路。

　　生活方式運動（lifestyle activities）　日常運動也能夠增加妳的能量水平，而短時間的日常運動可能比某些交叉訓練運動更容易融入緊湊的行事曆。這裡有些例子：
- 從事園藝、耙樹葉和修剪草皮。
- 做家事，例如打掃、吸地板、撣灰塵和洗碗。
- 盡可能利用樓梯並多走路，而不要總是搭電梯、手扶梯和電動步道。
- 利用工作的午休時間去走一走。

懷孕和哺乳期跑者的服裝

　　今天孕婦有各式各樣的孕婦裝和運動裝備可以選擇，包括專為容納改變中的身體而設計的跑步專用緊身褲、短褲和上衣。溫哥華跑步用品專賣店LadySport的老闆菲爾・莫爾表示，「許多孕婦現在穿著低腰剪裁的緊身褲，讓她們坐下時不會壓迫到腹部。有些女人直接穿一種低腰、褲頭可以反摺的緊身褲，這在產後很實用。我的顧客經常覺得新式設計比傳統伸縮褲舒服而且流行多了。」他並指出雖然大部分的商店仍然販售傳統的孕婦裝款式，Danskin、Moving Comfort、Insport和Brooks等廠牌都生產舒適又好看的孕婦裝。

　　即使如此，如果你問任何有跑步習慣的授乳媽媽，就會知道要找到舒適、同時能將晃動程度減到最輕的運動內衣仍然可能是一大難

題。有些女人會這麼覺得，因為她們的胸部變得格外的敏感和密實，她們偏好能降低或防止胸部晃動的內衣。有些女人覺得穿兩件內衣有所幫助，但除此之外其實還有許多選擇。大多數的內衣和運動服飾廠商設計了一系列的運動內衣來滿足所有女性在款式上和尺寸上的不同需求。莫爾說，「現在有些內置罩杯的背心上衣，它們不只可以穿來運動，也被改良成適合用來哺乳。」舉例來說，Nike和Champion的運動內衣就提供了很好的選擇。他們也使用合成的排汗布料讓婦女可以保持乾爽，而且多暖夏涼。

對懷孕和授乳的媽媽而言，一雙對的跑步鞋等同於一件重要的運動裝備。由於妳的體重會增加而平衡會變差，購買一雙能滿足妳不斷變化的需求的鞋是必要的。（記住，當妳的體重增加，鞋子的尺寸也會隨之增大。妳的腳掌可能會「伸展」而足弓則會塌陷。）所有的跑鞋製造商都有專為女性腳型設計的鞋子，這些設計有各種寬度可以滿足最窄和最寬腳板的需求。不妨向你當地的跑步用品專賣店尋求關於最符合妳需求的跑鞋建議。

常見的產前和產後問題

Q： 面對不斷變大的胸部，我該怎麼辦？

A： 物理治療師德妮絲‧摩貝表示，「在懷孕期間胸部尺寸會變大，之後進入哺乳期更是如此。」摩貝建議，懷孕跑者應該穿合身的運動內衣，並留意具備T字挖背（T-Back）肩帶的款式能夠加強定向支撐力（directional support）。

Q： 我的腳正在長大，怎麼會這樣？

A： 體重的增加意味著對足部施加更大的壓力，所以孕婦需要特別留意腳下所穿的鞋。孕婦的鞋往往較快損壞，所以更換舊跑鞋很重要。如果妳不確定妳鞋子的支撐性，請到你當地的跑步用品專賣店請鞋類專家幫妳鑑定。

Q： 懷孕以後我的平衡感變得奇差，我應該如何改善這樣的情形？

A：「隨著腹部的重量增加」，凱倫‧諾達博士表示，「女人的重心也隨之改變。然而雖然平衡感相當值得關注，它卻不盡然會對跑者構成限制。」一個建議是嘗試平衡訓練：瑜伽，或單腳站立並替換；當然這只是眾多妳能做的平衡訓練的其中兩種。為了將跌倒的風險降到最低，請避免在有石頭和樹根的小徑上進行。

Q：我懷孕了，因為軟組織鬆弛而不敢跑步。我應該怎麼做？

A：懷孕會造成軟組織鬆弛，然而諾達醫生指出，「跑步有助於維持一個有力的骨盆底（pelvic floor）和那些幫助骨盆穩定的肌群。」然而懷孕的跑者察覺她們的身體狀況是很重要的。「如果女人在站立或單腿著地時經歷任何骨盆疼痛，她們應該停止跑步。」如果妳不停止，諾達說，「這可能導致恥骨關節移位。」在跑步的衝擊過程中對韌帶的過度施壓也可能引起腹痛。而發生在膝蓋、髖關節、下背部和足部的痠痛也不該被忽略。如果妳正為這些問題所苦，請諮詢妳的醫生並討論是否改以水中跑步來排除路上跑步帶來的壓力。

Q：我曾有過會陰切開術，現在想要重拾跑步的習慣。我應該怎麼做？

A：「會陰切開術的疤痕和任何的軟組織疤痕一樣」，摩貝說，「需要適當的時間來痊癒。」雖然每個人恢復所需的時間不盡相同，摩貝建議至少經過八週再恢復跑步訓練；如果有感染或傷口癒合速度緩慢可能就需要更長的時間。一旦傷口完全癒合，會陰切開術的疤痕不至於成為跑步的阻力。

Q：我曾經剖腹產；這會影響我重拾跑步的習慣嗎？

A：依照諾達博士的說法，「剖腹產會延緩女人重回跑步訓練的時間。剖腹產被視為重大手術，因此給身體足夠的時間痊癒相當重要。照顧新生兒產生的疲勞感也可能延遲重新開始運動的時間。」

新生兒報到以後

　　大多數的孕婦會在懷孕的頭三個月參加產前課程，學習關於生產這件她們即將面臨的事。但極少人會參加產後課程，學習生完小孩後應該如何恢復體態，以及為什麼這對她們長遠的健康如此重要。在新生兒報到之後，女人一旦覺得能力可及，就可以重新開始跑步。健康照護機構通常會建議自然產的婦女大約等兩週過後再開始跑步，剖腹產則是六到八週。在開始執行運動計畫之前諮詢妳的健康照護人員是很重要的。

　　享譽國際的加拿大物理治療師黛安娜・李（Diane Lee）以胸椎、腰椎和骨盆疾患與疼痛的創新臨床工作見長。她主張，由於懷孕和生產會無可避免地拉扯腹壁和腹部及骨盆底的肌肉，因此會提高失禁（漏尿）和背部／骨盆疼痛的風險。然而腹壁和骨盆底的軟組織會在一段時間後復元，有些肌肉維持鬆弛且無力的狀態，有些則維持強健與緊實。偶爾會發生腹部肌肉保持分離，因而妨礙核心肌群的穩定功能。由於這個原因，所有的女性應該在重新開始鍛鍊／運動之前由物理治療師評估，確保在生產期間受到的所有軟組織傷害皆已痊癒、腹壁已經關閉且肌肉能適當地運作，以及骨盆底的機能維持良好。

　　在跑步之前，妳可能會想要先嘗試一些快步走。媽媽們應該能夠在試圖進行跑步／走路訓練計畫前以良好的速度走上一小時左右。第4章的13週走跑訓練計畫是循序漸進而且相對保守的鍛鍊方法，它使妳可以慢慢重新開始跑步，並能減少連續跑步對身體造成的衝擊。

　　和懷孕期間相同，保持體內水分的充足對女性相當重要，尤其對哺乳期的婦女而言更是如此。「如果運動過後妳的陰道分泌物大量增加，這代表妳運動過量，而且下

給授乳媽媽的訣竅：

* 為了在運動時獲得最大的舒適度，請挑選一件合身、支撐性良好的運動內衣。
* 務必在跑步之前餵母乳或擠出乳汁以減輕胸部組織的負擔，讓你跑起步來更自在，並確保妳的寶寶在妳跑步期間是飽足的。（有些報告主張跑步後母乳含有較高的乳酸，會使乳汁的味道改變。然而許多哺乳期的媽媽表示這並不構成問題。）
* 隨身帶一瓶水並且適時地補充水分。脫水的徵兆包含深色尿液與乾燥的嘴唇、口腔和皮膚。

訣竅

全家一起跑步：

- 樂於變更妳的健身計畫，用手推車或嬰兒車帶小孩一起跑步。
- 要求另一半騎腳踏車陪妳或和妳一起跑步。
- 鼓勵妳的小孩在妳身邊溜直排輪、騎腳踏車或溜滑板車。
- 試試吸引人的「目的地」，如跑到最近的冰淇淋店；跑步後的野餐對小孩來說是另外一個很好的獎勵。

次運動的時候應該要減少10%的運動量，」凱倫‧諾達博士如此說。妳也將發現胸部的尺寸變大了，尤其如果妳餵母乳的話。此時挑選好的運動內衣將是重點（請見第87頁）。

凱格爾氏運動（kegels） 凱格爾氏運動的名稱來自發明它的醫生，它鍛鍊連接骨盆的骨盆底肌肉——它們就像是一張吊床，將骨盆器官保持在定位。（為了緊實這些肌肉，試著反覆停止和開始解尿。）諾達博士和物理治療師德妮絲‧摩貝建議一天重複10次緩慢的凱格爾氏運動，在解尿後進行（為了避免尿滯留和可能的膀胱感染）。

核心運動（core exercise） 身體的核心肌群包括軀幹和骨盆的肌肉群，負責維持身體正確的姿勢。在懷孕和生產期間，妳的核心肌群承擔著支撐身體的重責大任。透過伸展這些肌肉，一旦妳重新開始跑步，妳的下背部和骨盆區域將獲得更好的支撐。

一個強壯的軀幹中段能協助健走者和跑者維持正確的技巧。核心肌力與明顯的六塊肌或是平坦的小腹無關——它的重點在於強化你的身體中段。不妨諮詢肌力與體能訓練專業人士，他們能協助你設定一個包含核心運動的訓練計畫。

選擇正確的嬰兒車

對許多愛好運動的父母來說，購買適當的嬰兒車或手推車是維持或重啟健身計畫的關鍵。妳的小孩會持續使用嬰兒車，直到他們能走上一段較長的距離為止，通常約莫是三歲。但嬰兒車的選擇如此繁多，妳怎麼知道要選哪一台？

首先，考量妳的需求：

1. 如果大多數的時間妳會跟妳的小孩在城市環境中行走，選擇一台能輕易上下人行道邊欄，並能在雜貨店內的狹小通道暢行無阻的手推車是很重要的。相對便宜的輕量手推車可能是妳最好的選擇。
2. 如果妳計畫和妳的寶寶一起跑步，或帶著他在崎嶇的地形上健行，花多點錢買台堅固耐用的慢跑型嬰兒車也許是個好選擇。
3. 試用一些慢跑型嬰兒車，從中找出最適合妳和妳的伴侶的種類。每台嬰兒車用起來感覺都不一樣，例如有些轉起彎來比較順暢。
4. 慢跑型嬰兒車在高度、長度和座位尺寸上各不相同。如果妳或妳的伴侶比一般人要高，你們的小孩體型很有可能比一般嬰兒要大。在這樣的情況下，妳可能會需要選擇一台較大、較長的嬰兒車。

慢跑型嬰兒車的基本功能

- 堅固、不會輕易崩塌的骨架，且在完全展開後有易於操作的鎖定機制。
- 走直線時易於操控的車輪。
- 位於腰部高度或略低於腰部的手把。
- 能夠輕易、有效地夾緊輪胎的手煞車。
- 環繞在嬰兒腰部以及兩腿之間的堅固安全帶。
- 可調整的肩帶。
- 可收合的頂篷，以及因應多雨氣候的可拆式防雨罩。
- 可以放尿布、水瓶、點心等物品的口袋或置物空間。

嬰兒要到多大坐手推車才是安全的？

大部分的健康照護專家會建議等到寶寶的頸部培養了一些力量再開始使用嬰兒車，約略是六個月大左右。一開始妳可以藉由跑在人行道上而不是小徑上讓小孩的頭部獲得支撐；然而妳不需要等到六個月就能帶他外出散步。

在小孩出生後幾週帶他出去散步是一個獲得新鮮空氣的好辦法，

且妳也得以享受與那個充滿尿布和餵奶的世界截然不同的景致。散步對寶寶的健康和快樂也有好處。如同物理治療師德妮絲‧摩貝所言，「小孩會模仿父母的行為；做小孩的好榜樣永遠不嫌早。」妳不需要在生完小孩後立刻外出為10公里比賽練跑，但規律的健走或跑步計畫會幫助妳的小孩採納健康的生活習慣。

和嬰兒一起跑步的要訣

等到妳的小寶貝至少六個月大再帶著他一起跑步。寶寶需要先能夠保持頭部挺直，才有辦法承受慢跑型嬰兒車造成的晃動。記住：

1. 在新生兒六個月大之前，妳可以推嬰兒車帶他一起去散步，但要避免崎嶇的地形。再次強調，妳的小寶貝還沒有支撐頭部的力量，而且頸部相當容易受到傷害。

2. 當妳第一次推嬰兒車散步或跑步，務必緩慢地行走並且堅持走在少有顛簸和轉彎的鋪平小徑或人行道上。要掌握推著額外重量前進的竅門得花上一點時間。

3. 如果妳是跑步新手，試著在妳的街坊找一條短程路線，這麼一來如果妳累了就可以輕易、快速地返家。如果妳精力充沛，大可做兩個循環！

4. 務必帶多餘的水和一份點心。不論妳的體適能水平如何，推嬰兒車總是一件繁重的工作。

5. 如果你是一個爸爸，或是一個不餵母乳的媽媽，可以考慮帶一瓶牛奶以防寶寶在你外出跑步的時候肚子餓。帶著哭泣的嬰兒可以讓你回家的路變得很漫長──而且很吵。

6. 為嬰兒車加上適宜天氣的外罩再一起跑步。今天任何品質好的慢跑型嬰兒車都有多種容易拆裝的外罩可以滿足幾乎所有的天候條件。

對於想要跑步的兒童的指導原則

為兒童應該跑多遠訂出通則和指導方針是不切實際的作法。因為

小孩生長和成熟的速度各不相同，要在出生到青春期之間從生理上或骨骼發育上將他們歸類成普遍的群體幾乎是不可能的。因此，指導想要受訓參加路跑賽、田徑運動和越野賽的兒童必須遵循合理的方針與規則，並應根據每個小孩個別的能力而定。

小兒科醫師川特·史密斯（Trent Smith）說，「父母的期望必須有點彈性。很重要的一點是在開始跑步之前也要考慮小孩的活動程度。早期活動力愈高的小孩在跑步計畫開始的時候能做的也愈多。」

在為青春期前的兒童規劃跑步計畫時最好運用一點常識。加拿大兒科協會（Canadian Paediatric Society）表示，針對這一類的跑者並沒有明確的跑步準則。史密斯博士主張，參加10公里的路跑賽對大多

跑者筆記

蕾西

蕾西是一個35歲、有兩個小孩的科學家，她在兩次懷孕期間的前六個月都持續跑步。「我跑得並不快，但是我真的很享受一週數次的跑步。然而我發現一旦到了第六個月，我就會變得相當笨拙。我很擔心會跌倒，而且我跑得很慢，慢到好像是在走路一樣。」蕾西決定將跑步轉為競走，並且開始參加社區活動中心的產前和產後運動課程。她發現參加這些課程是維持體態和遇見其他媽媽的好方法。

蕾西的兩個小孩都喝母乳至18個月大。「我的鄰居也跑步，所以當對方在跑步的時候我們可以輪流照料彼此的小孩。而哺乳的時候，我會確定先將我的寶寶餵飽。」由於她在兩次懷孕後都很快就開始運動，她的小孩並不會迴避喝運動後的母乳。「有些媽媽說她們的寶寶在喝奶的時候很挑剔，但我從來沒有遇過這樣的情形。」

摘　　要

你的孩子跑步嗎？

- 確保你的孩子穿著適當的跑鞋。
- 確保跑步計畫以小孩而不是家長為出發點──孩子們需要玩得開心。
- 讓你的孩子隔日跑步一次；小孩不應該每天跑步。
- 確保你的孩子在運動的時候每隔10到15分鐘會補充水分。
- 仔細注意溫度：你的孩子比你更容易受到極端氣溫（太冷和太熱）的影響；他們需要適當的穿著。
- 如果你的小孩抱怨疼痛，請帶他去看運動醫學專科醫師。

數的兒童來說負荷可能太重了，但跑過幾次5公里比賽的五、六年級的學生在經過一些訓練後很可能可以跑完10公里的比賽。

兒童的訓練方式

如果小孩想要跑完5公里或10公里的比賽，他們的訓練方式應該和想要達成相同目標的大人一樣。為了維持小孩的興趣，家長和老師必須讓訓練充滿樂趣。藉由以遊戲做為動力，兒童較可能受到啟發而想要每天運動。如果孩子們視跑步為一件苦差事，他們就不太可能會想要持續運動直到進入青少年和成人時期。

令兒童感到跑步充滿樂趣

如果你的孩子在某次跑步或健走的過程中表達了加入你的興趣，不妨鼓勵他騎腳踏車陪你。在看過你跑步之後，你的孩子可能會對跑步產生興趣而也想要跑步。

如果是這樣的話，考慮探索在地的小徑並修改走跑訓練計畫。讓你的孩子跑到小徑上的特定地標，比如說一塊大木頭或一棵樹，然後等待爸爸或媽媽趕上。在孩子再次開始跑步之前走到另一個地標。如果你鄰近的地區沒有小徑，你們可以在街坊附近進行這類型的跑步。比如說，你的孩子可以跑到街區的盡頭，或是沿著校園的圍欄跑。切記，大部分的兒童並不喜歡以大人的方式跑步。藉由讓跑步變得有趣，例如參加與跑步相關的定向（orienteering）或尋寶活動，如此兒童會將跑步的部分視為遊戲而非訓練的項目。

和愛犬一起跑步

狗是讓我們脫離家中沙發、上路改善健康和體態最好的動力之一。你很難可以找到比狗更精力充沛而且更忠誠的跑步夥伴。相較於不常活動的狗，體態健美的狗有更多的精力、睡得更好而且對環境的感知能力更強。

當然了，狗和人一樣都不是生來平等的；某些品種或體型的狗比其他的狗更適合跑步。適合跑步的狗有著中等的體型，重量介於50到70磅之間（22.5到31.5公斤）而且有著短或中短毛。證據顯示退休的格雷伊獵犬（greyhound）、拉布拉多、獵犬（retriever）、雪達犬（setter）、小獵犬（spaniel）與工作犬（如邊境牧羊犬），以及哈士奇都是適合跑步的狗。雜種狗也是很好的跑步同伴。較不適合跑步的狗包括像是大丹狗這樣的大型犬，以及吉娃娃這樣的短腿小型犬。跑步對扁臉的狗，像是巴戈犬和拳師犬而言也是一大挑戰，因為牠們會呼吸困難。

開始跑步

一般而言，狗主人應該等到狗狗完全長大再一起跑步。對小型犬的飼主而言，這意味著你應該等到你的幼犬至少六個月大；而大型犬的飼主則可以在你的愛犬大約一歲大的時候開始和牠一起跑步。

如果你有跑步的習慣，而且計畫讓你的愛犬在大多數的跑步訓練時陪在你身邊，最好讓獸醫檢查你的寵物，以確保牠沒有肺臟、心臟或關節毛病，並確定牠可以面對長跑訓練所帶來的挑戰。

狗看起來似乎天生就喜歡跑步，因為牠們充滿活力，而且很少會拒絕和主人一起跑步的機會。然而跑步的重複衝擊、速度和持續的時間對某些狗而言可能是相當艱難而且有害健康的。持續不間斷的跑步對狗來說是不合常理的。因為牠們是馱畜，具有拚命趕上人群的天性。

許多獸醫和馴犬師主張狗不應該跑超過3哩（5公里）。雖然牠可

能會展現出跑長遠距離的精力和熱情，但相當重要的是，在規劃和寵物一起進行跑步訓練的路程和持續時間的時候必須格外謹慎。

　　為你的雜種狗訂定跑步計畫，即便牠是適合跑步的品種也一樣。計畫應該包含為期數週逐漸增加的持續時間和距離。這麼一來，你的狗的耐力會隨著時間增強，並減少發生常見與太激進的訓練排程相關的各種疼痛。

跑者筆記

蘇西

　　蘇西是一個 33 歲的單親媽媽和熱愛運動的老師。她一週跑步數次並且參加過許多鐵人三項比賽。當她決定要獨力生養小孩時，她便已經明白維持多運動的生活方式對她的健康和快樂是不可或缺的。她有信心即使帶著新生兒也可以跑步和散步。

　　在莉莉出生後一個月，蘇西在她的新生兒派對收到一台慢跑型嬰兒車。她決定等到六個月大再開始帶著莉莉從事任何比散步還要激烈的活動。蘇西在莉莉六個月大的時候將她放進嬰兒車，並展開 45 分鐘的練跑，然而她卻筋疲力竭且失望萬分地回到家。嬰兒車沉重不堪而且難以操作，加上莉莉對大部分的鍛鍊都感到不開心。蘇西覺得相當沮喪並且納悶這台嬰兒車是否真的適合她。

　　有個朋友告訴蘇西她的期望可能太高了。她認為蘇西的體適能水平在懷孕期間可能已經降低了。蘇西百般不願卻無可奈何地調整她的目標，然而幾天後她找到一條看起來相當完美、沿著海邊的平坦跑道。在一個月的散步／慢跑之後，蘇西能夠緩慢地跑上 30 分鐘，而且莉莉也已經變得能更舒適地待在嬰兒車裡了。

狗已經不堪負荷的警訊包括唾液增加、嘔吐、呼吸不規則和步履不穩。如果你注意到這些徵兆，讓你的愛犬停下來休息一下。如果這些症狀持續，帶你的寵物去讓獸醫做個檢查。

　　和狗一起跑步重要的是注意安全和提高警覺。第一步是訓練你的愛犬繫著狗繩跑。確保牠跑在你身邊，並避免跑入交通車流中。如果你跑在小徑上，確保你所在的地區可以帶狗，並留意兒童和腳踏車，以免你的狗分心或撞上他們。如果你在大熱天跑步，注意狗散熱的方式和人類不同。牠們會喘氣並經由腳掌排汗，而且很快就會變得過熱。確保你有帶點心和水可以讓牠們保持愉悅和水分充足！

檢查表提案

- ☐ 1.和小孩一起運動的父母教養出的小孩比較可能在長大後將運動視為他們的日常生活習慣。
- ☐ 2.只要女人覺得舒適而且沒有併發症，在懷孕期間跑步（如果先前已經有跑步的習慣）是保持身體強壯、健康以及準備生產的好方法。
- ☐ 3.如果在懷孕期間或剛生產完去跑步對妳而言太過困難，不妨考慮以游泳、瑜伽或其他的生活方式及運動來代替。
- ☐ 4.核心運動和凱格爾氏運動有助於強化在懷孕期間變得衰弱的腹部和骨盆底的肌肉，可以使妳更快、更容易重拾運動的習慣。
- ☐ 5.騰出時間全家一起運動，藉由使用慢跑型嬰兒車、在妳身邊騎乘兒童腳踏車或跑步等方式，甚至讓家中的狗也一同加入。

CHAPTER **7**

如何成為
更好的跑者？

交叉訓練的好處包括藉由使用不同的肌群，使某些肌群可以
得到休息的機會。此外交叉訓練也幫助運動員避免感到厭
煩；運動項目的多樣性可以做為很好的心理激勵。

交叉運動也能降低受傷的風險。採用本書的13週走跑訓練計
畫會讓你的身體——從心臟到阿基里斯腱——逐漸適應跑步
帶來的壓力和勞損。

你正在跑步，你喜歡跑步的感覺而且想要變得更厲害。在接近本書的尾聲我們將針對如何增進跑步技巧提出一些建議。然而還有許多其他的方法可以使你成為更出色的運動員並提升你的全身體適能，這些都能使你成為更好的跑者。你的選項包含了交叉訓練（它本身就包含了許多選擇）、肌力訓練和伸展運動。

交叉訓練

交叉訓練意味著從事各種類型的訓練活動。幾乎所有能讓你氣喘吁吁的活動都可以算是交叉訓練：滑雪（包含越野滑雪和速降滑雪）、騎單車、游泳、溜直排輪、溜冰、健行、健走、攀岩、循環訓練（circuit training）和有氧舞蹈都是絕佳的選擇。在跑步之外進行以上的其中一項活動可以提升全身體適能並增進整體肌力，而不會只是侷限在跑步可以鍛鍊到的特定部位。

交叉訓練的好處包括藉由使用不同的肌群，使某些肌群可以得到休息的機會。此外交叉訓練也幫助運動員避免感到厭煩；運動項目的多樣性可以做為很好的心理激勵。

交叉運動也能降低受傷的風險。採用本書的13週走跑訓練計畫會讓你的身體——從心臟到阿基里斯腱——逐漸適應跑步帶來的壓力和勞損。正由於跑步過程中確實會產生壓力與勞損，因此跟著訓練計畫走便顯得格外重要。然而跑步對你的身體來說可能不輕鬆，尤其如果你有一些先天的生物力學失衡（例如高足弓或是膝蓋骨錯位）或曾經受過傷。參加其他的有氧運動可以達到許多和跑步相同的目的——除了強化肌力、耐力和控制體重外，還能培養良好的心血管功能——這麼做還可以將運動產生的壓力分配到身體的其他部位，避免全部都由相同的部位承擔而導致受傷。在某些運動中——尤其是騎單車、游泳、溜直排輪和越野滑雪——肌肉骨骼承受的壓力是相當輕微的。因此，交叉訓練會使你變得更強壯、更健康，而且可以讓你的腳踝、膝蓋和髖部從跑步的劇烈衝擊中得到喘息的機會。

交叉運動能強化身體，而且實際上你會比單以跑步做為訓練的跑者有更好的表現。提姆·諾可斯博士說，若是讓他的跑步生涯重新來過，他會參加更多的鐵人三項賽。「馬拉松和超級馬拉松（50哩／80公里起跳的距離）能真正使人筋疲力盡。」

騎單車是最受跑者歡迎的交叉訓練運動之一。騎單車主要強化你的股四頭肌（位於大腿前側的大肌肉群），而跑步主要使用的是腿後筋肌（大腿後側的大肌肉群）。在相對的肌肉組合（如股四頭肌和腿後筋肌）養成均衡的肌力（請見第197-201頁，〈肌力訓練〉）是避免受傷的重要方法。

另一個跑者經常會選擇的運動項目是越野滑雪，因為它是一個巨大的有氧挑戰，而且實際上可以運動到身體的每一吋肌肉，包括上半身與下半身。只是你滑雪的機會受限於你居住地的氣候。

可以在任何天候下進行的水中跑步變得愈來愈受歡迎。基本上，你只要穿戴漂浮裝備在深水中慢跑就行了。通常只有相當投入鍛鍊的人和從受傷中復元的人才會實行水中跑步。

另一個交叉訓練的鼓吹者是美國泳將馬克·史匹茲（Mark Spitz），他在1972年稱霸男子泳壇，並從當年的奧運賽帶回了許多珍貴的獎牌（其中有七面是金牌）。史匹茲表示，今天的游泳選手能以極大的差距打敗他的時間紀錄，原因在於他們沒有把所有的時間花在泳池裡，而是進行交叉訓練並以其他的方法增強體能。同樣地，不論在休閒或是競賽的範疇，交叉訓練實際上能讓你比單以跑步做為訓練項目的跑者更好、更強。

交叉訓練的另一個好處是，在你探索它提供的眾多選

真　　　相

被動的運動設備 ── 健身輪（rolling machine）、振動腰帶、振動床（vibrating table）以及電動腳踏車和划船機 ── 無法擊碎脂肪或幫你減輕體重。按摩可以促進循環並幫助放鬆，但它無法改變你的體態。

項時，很可能發掘另一項你眞正喜歡的運動。如果是這樣的話，就可以運用類似你在13週走跑訓練計畫中學到的原則幫助你的身體適應它所帶來的嚴格挑戰。

　　如果你以運動做爲部分控制體重的方法，你可能會想要知道其他運動和跑步在能量需求上的比較。下面的列表將各種活動依激烈的程度從小到大排序。這個列表顯示，快速跑步（每哩7分鐘／每公里4.5分鐘）能更有效地燃燒卡路里。

　　最後，交叉訓練能幫助你對抗所有訓練計畫的大敵：心理倦怠。它不只有助於提高你的體適能水平，而且也可以讓你免於日復一日重複相同的例行訓練而感到厭煩。

較不激烈

排球（休閒性質）

騎單車（悠閒的速度）

桌球（休閒性質）

走路（溫和的步伐）

自由重量循環訓練

游泳（和緩的自由式）

慢跑（11½分鐘／哩或7分鐘／公里）

有氧舞蹈（劇烈的）

游泳（蛙式，緊湊的節奏）

騎單車（競速性質）

短柄牆球（racquetball）

跑步（9分鐘／哩或5.5分鐘／公里）

壁球

比較激烈

跑步（7分鐘／哩或4.5分鐘／公里）

簡而言之，交叉訓練可以：

1. 把訓練量分散至身體各個部位，藉此降低特定部位受傷的風險。
2. 在常規鍛鍊中加入變化，使你不會失去興致。
3. 藉由使用未受傷的關節和肌肉從事不同的活動，允許你在受傷的情況下繼續進行訓練。
4. 進行全面性的身體鍛鍊，而非只針對某些特定部位進行鍛鍊。

更多關於特定交叉訓練活動的真相，連同你可能會想要考慮將它們融入日常生活的理由列舉如後。但切記，你並不需要自限於這些活動。雖然桌球並未名列其中，但它不僅樂趣無窮，也是一項能夠揮灑汗水和培養手眼協調能力的絕佳運動。不論你選擇什麼活動，記得注意訓練的三規則：適度、連貫性和休息。

游泳

游泳是無衝擊性的運動，對受傷的人而言它是一個很好的選擇。它有助於促進你的有氧適能、上半身肌力、肌肉耐力以及呼吸控制；尤其最後這一點對身體特別有益。你的肌肉需要獲得持續的供氧；即使你因為過度換氣會導致頭暈目眩而不想要呼吸得太深或太快，缺乏空氣卻會使你呼吸困難。游泳會訓練你規律地呼吸。它一點也不貴而且一年四季、不論在室內或室外都可以進行。

很重要的一點是，記住游泳並不是減重的理想運動：游泳時身體大部分被水支撐著，因此游泳每分鐘所燃燒的卡路里並不像跑步那麼多。

> **真　　相**
>
> 一般女性的肌肉量比一般男性要少，因此女性的絕對肌力通常大約是男性的 60% 到 80%。

騎單車

以往世界上有兩種道路戰士，一種是跑者，另一種是單車騎士，然而交叉運動的好處大大地促進了兩者的融合。這兩種人都覺得以另一種運動搭配自己所從事的運動可以得到互補的效果，而且能提升整體的體適能水平。

如同前面談到交叉訓練時所提，騎單車能促進腿後筋肌和股四頭肌之間肌肉的均衡發展，有助於預防較弱的一側受到運動傷害。相較於跑步，騎單車對腿部造成較少的衝擊和震動。

騎單車也可以充滿樂趣。你可以輕鬆地騎乘很長的距離探索新的街坊和小徑。登山車優於公路車的一個好處是，你可以騎在沒有鋪裝的路面上免於與汽車爭道。越野單車可以是一項相當劇烈的運動，端視你想要的極限程度而定。越野騎乘並不需要一部昂貴的頂級越野車，只要車子夠堅固，足以承受路面的顛簸即可。

在缺點方面，登山車不適合長途騎乘和旅遊。於是許多人會重拾他們的十速單車或是添購品質好的公路車。

話又說回來，你甚至不用出門就能騎單車。有些人其實偏好健身車。地方上的健身中心通常會設有一排健身車；它們的騎乘者喜歡翻閱雜誌勝過在森林裡閃避樹幹。健身車可以在任何的天候狀況下騎乘，而且甚至可以推到電視機前面使用，滿足那些想要結合健身和娛樂的人。

越野滑雪

相較於速降滑雪，越野滑雪最大的優勢在於費用的低廉：不只省下纜車票的花費，其所需的設備也相對便宜。越野滑雪是絕佳的有氧運動，和騎單車一樣，它也幾乎不會產生跑步帶來的震動與衝擊。越野滑雪考驗著全身上下

幾乎每一吋肌肉，包括手臂、肩膀、軀幹、背部和腿部的大肌肉群，因此它是一種理想的全方位鍛鍊。

如果你很幸運地住在可以從事越野滑雪的地區，你可能會發現有眾多的滑雪者對於這項運動就像跑者對跑步一樣投入而且忠誠。

團體健身運動

許多男性對有氧舞蹈嗤之以鼻，因為它長久以來都被視為女性化的活動；然而這可是男性的一大損失。絕大多數跳有氧舞蹈的人確實都是女性，但這些女性可以擁有非常、非常優美的體態。有氧舞蹈節奏強烈的音樂、團體的氣氛，以及一個負責發號施令的教練可以產生高度的激勵作用，而且健身的成果相當驚人。如果你決定要去跳有氧舞蹈，請考慮三個避免受傷的要素：第一，選擇低衝擊性的課程。大多數的有氧舞蹈課程都以低衝擊的階梯有氧為原型，因此要找到合適的課程應該不難。第二，確保你的課程不是在水泥地上進行。第三，確認你的課程有合格的教練帶領。

體能訓練營（boot camp）

戶外體能訓練課程在過去五年變得大受歡迎。它們大多數的課程融合在室外進行的肌力訓練和有氧運動，而且主要是利用身體的重量來做運動。

關於體能訓練營課程有一些需要注意的地方。奧運選手琳・可努卡說明了在參加任何體能訓練營之前必須小心謹慎的原因：「通常在這類課程中，參加者會被要求進行快速、激烈的運動，而許多體能訓練營的運動會對身體產生大量的衝擊。雖然有些體能訓練營相當不錯，但這真的得取決於教練的素質。」

真正的交叉訓練是以低衝擊的方式鍛鍊跑步和走路所使用的肌肉。記住，在經過13週的訓練後，你需要從事與跑步訓練互補的活動。因為跑步本身已經帶來夠多的衝擊，此時再參加激烈的體能訓練

營將會增加受傷的可能性，也許會對你的訓練產生負面的影響。

　　如果你在展開跑步計畫之前正在進行體能訓練營的課程，考慮減少上這些課的頻率，直到你完成13週的跑步訓練為止。與其一週上兩到三堂體能訓練營課程，不妨試著以一週只上一堂來減少身體所負荷的整體衝擊。

溜直排輪

　　隨著直排輪價格的降低與品質的提升，溜直排輪變得一年比一年更受歡迎。溜直排輪可以在任何鋪平的路面進行。這是好壞參半的，因為直排輪和汽車同時出現在馬路上並不是很好的組合——溜直排輪

跑者筆記

琳達

　　琳達是一名 41 歲的上班族，「我認為跑步是世界上最愚蠢的事之一。怎麼可能會有人樂在其中？」

　　然而在被診斷出有血壓方面的毛病之後，她決定要改變生活中的一些事。她聽說 13 週走跑訓練計畫是一個輕鬆健身的方法，於是決定要實踐它。她在訓練計畫進行到一半時扭傷了腳踝（因為穿了不合適的鞋），因而暫時改以騎單車代替跑步；後來她及時完成了訓練計畫，並在 50 分鐘以內跑完了 8 公里的比賽。

　　「每逢星期二和四我跑步半小時，然後做重量訓練，我用很輕的重量重複做多次。我開始重訓是因為有人告訴我，除非強化肌力，否則跑步的速度將無法提升。」每週三琳達交替採用上坡跑和速度訓練。她的速度訓練由全速衝刺一分鐘和慢跑一分鐘穿插而成，重複五次。每週六她和團體一起跑步 40 到 60 分鐘，週日則進行耐力跑。

者所有的閃避動作都會使汽車駕駛和他們自己置身於危險當中。倘若你能找到一個安全的場地，溜直排輪可以做為一項極佳的有氧鍛鍊，而且能幫助你增進肌力和肌耐力。

溜直排輪對於強化跑者長期缺乏鍛鍊的股內側肌（vastus medialis，大腿前方股四頭肌的內側肌肉）尤有顯著的效果。跑步所強化的部位是股外側肌（vastus lateralis，股四頭肌的外側肌肉），因此鍛鍊股內側肌將有助於建立平衡的肌力，以便對膝關節提供更好的支撐。

溜直排輪是低衝擊性的活動，當然如果你跌倒的話就另當別論了。最好上一些教學課，而適當的裝備必不可少：一定要戴護腕和安全帽（一頂好的單車安全帽即可），能配戴護膝和護肘的話更好。此外請務必遠離繁忙的街道，因為要是你撞上汽車，世界上所有的護具都幫不了你。

攀岩

攀岩是另一項愈來愈受歡迎的運動，這有著充分的理由：它不但提供身體良好的鍛鍊機會，也啟發許多的生命課題。大多數的人面對高度時會心懷恐懼，假設你是他們其中之一，當坡度變陡的時候，一般而言你會想要遠離懸崖邊緣。在具備繩索和安全吊帶的攀岩環境中，即使安全設施是相當值得信賴的，你的頭腦依然會對危險做出回應。頭腦意識到你遠離了地面，並了解你一旦跌落就會死亡，因此它會告訴你「回去」！但你的目的在於攀岩，當然不會因此乖乖地「回去」；於是你會繼續往上攀爬然後學著面對恐懼。如同自救手冊上再三叮嚀的一點，沒來由的恐懼會限制許多人發掘他們真正的潛能，所以有時候克服心理的障礙可以和突破體能的極限一樣有用。

真　　相

女性正在急追直上。加州大學的研究顯示，過去三十年以來女性菁英跑者進步的速度是男性菁英跑者的兩倍：女性每十年每分鐘多跑了 46 呎（14 公尺），相對於男性的每分鐘 23 呎（7 公尺）。

攀岩是一種有助於培養肌力和肌耐力的鍛鍊方法，因為你可能會在岩牆上待上很長的時間來練習動作。攀岩者往往有強壯的前臂、三頭肌、腹肌、背肌、股四頭肌、腿後筋肌、小腿、腳踝和足部。（順帶一提，許多手指的力量乃來自前臂。）如同溜直排輪，攀岩也是低衝擊性的運動，除非你在攀爬的過程中跌落。然而如果你正確地使用安全設施，跌落的情形其實是相當罕見的。即便如此，攀岩仍然是一項本質上相當危險的運動。因此我們強烈建議所有參與者都要經過適當的訓練。大部分較大型的都會區都找得到室內岩場，而且它們大多數都設有訓練課程。

肌力訓練

有些跑者不做肌力訓練，因為他們認為身體變壯會降低速度；這是一個迷思。肌力訓練對於速度的提升至關緊要。雖然你可以不靠重訓就成為出色的跑者，用肌力訓練增強肌肉張力將對你有所助益，而且也能使跑步變成一件更愉快的事。

進行肌肉訓練主要的原因是，它能協助你以更均衡的方式鍛鍊你的肌肉，而這能降低受傷的風險。運動傷害發生的原因往往在於肌力不足以支撐身體的弱點，不論這些弱點是天生的或是由舊傷而來。舉例來說，如果你在青少年時期扭傷你的腳踝或膝蓋，這些關節的周圍可能會有經久不消的疤痕組織。透過增強這些舊傷周圍的肌力，你得以賦予關節所需的支撐，避免這些傷害再度惡化。

肌群通常以相對的方式排列，而且當一個收縮，另一個就會放鬆（為了支撐收縮的動作）。做為一名跑者，你最需要注意的相對肌群組合是股四頭肌和腿後筋肌、腹肌和下背肌，以及小腿和脛前肌（位於小腿前側的肌肉）。你可以在第193到196頁找到一些範例運動。

除了有助於預防運動傷害，肌力訓練還能幫助預防伴隨年齡增長的肌肉量流失（通常肇因於活動量的減少和老化本身），從而降低罹患骨質疏鬆和其他疾病的機率。研究顯示即使是老年人也能透過肌力

訓練增加肌肉量並強化骨質密度。

最後，增強肌力還有一個心理上的好處：覺得身體變強壯會帶給人好的感覺。雖然重量訓練和增強肌力的相關運動起初可能會令你感到枯燥乏味，然而過了一段時間之後，當你用力收縮肌肉並感覺其中的力量，你從中得到的成就感卻是無與倫比的。

注意事項

在從事任何肌力訓練計畫之前，你應該接受合格教練的指導，尤其如果你採用自由重量（free weights）進行鍛鍊時更應如此。

即使你大多使用健身房的設備進行肌力訓練，最好還是不要完全仰賴機械器材，因為它們往往只能進行非常特定、範圍有限的動作。（你所培養的肌力會集中在你所鍛鍊的範圍）自由重量可以進行更多元、更大範圍的動作。肌力訓練甚至也發展成可以在大型健身球上進行。（請見第197頁到第201頁針對跑者的肌力訓練運動建議）

剛開始的時候請以較輕的重量重複做多次。當你的技巧變得更熟練，或想要獲得更強的肌力時，你可以減少重複的次數並增加重量。

不論你的年紀或體適能狀況如何，請在兩次肌力訓練之間給你的身體48小時的休息時間。肌力訓練對肌肉來說可能是件辛苦的工作，而你的肌肉在訓練後的一兩天很可能會感到痠痛，而部分的痠痛乃是來自運動在肌肉中引起的微小撕裂傷。此時給予身體足夠的休息時間，肌肉將會重新癒合，變得更強壯而且更有效率。然而如果你不給身體足夠的時間復元，你對自己造成的傷害將大過於益處，在剛開始訓練的時候尤其如此。當你變得更強壯，你會發

摘　　要
肌力訓練備忘錄

- 在開始之前聽取健身專家的建議。
- 每週訓練兩到三次。
- 在每次鍛鍊之前適當地暖身。
- 以較輕的重量開始鍛鍊。
- 剛開始時每次的運動用一或兩組動作重複10到15次。
- 隨著時間逐漸增加重量或阻力。

現自己可以進一步提高極限。

　　雖然你鍛鍊肌肉的目的可能是爲了要跑步，然而這並不表示你應該只鍛鍊下半身的肌肉。上半身的肌力爲良好的跑步姿勢所必需。舉例來說，如果你的豎脊肌（erector spine muscles）虛弱無力，你會發現跑步的時候身體很難挺直且往往會向前傾，而這將削弱你前進的步伐和你的耐久力。

　　最後的警告：在某些健身房會有人四處兜售各種號稱能夠幫你快速健身的藥品和補給品。即使它們眞的有效，那也必然是以短期益處換來長期痛苦的情況。要知道藥物可能對身體造成無法彌補的傷害。

跑者筆記

戴倫

　　戴倫熱愛跑步而且想要變得更強，但他討厭舉重。「那好無聊，」這位 34 歲的警察如是說。「但你必須變得強壯，因為幹這一行你永遠不知道自己什麼時候會需要與人搏鬥。」有一天他遇到一個看起來彷彿在健身房出生、握力有如老虎鉗般強勁的新人。「我問他一週舉重幾天，他說『零。』我問他用什麼藥物，結果他對著我大笑，」戴倫回憶道。原來戴倫的新朋友是一名攀岩好手，他會如此強壯的原因在於他從 10 歲就開始攀岩。「那傢伙就像實心鋼一般強壯，而他從未舉重過。但也不盡然是如此，因為當他攀岩的時候，他無時無刻承擔著自己全身的重量。」

　　於是戴倫開始去當地的攀岩場健身，在上過一次指導課後他添購了自己的安全吊帶和攀岩鞋。「現在我變得前所未有地強壯，而且我從來不覺得無聊——攀岩總有新的挑戰，而且你必須忙著想出下一步的動作。」

上坡跑

　　為什麼要訓練上坡跑？或許你住在像三藩市或溫哥華這樣難以避開斜坡路的城市，也或許你想要增進你的跑步適能以便可以跑得更快更久。不論你的理由為何，上坡跑可以是有益健康的，但它同時也是辛苦的。

　　上坡跑得以讓身體同時以有氧和無氧的方式運作。就像舉重一樣，這類型的跑步屬於阻力訓練。在你增進肌力和肌耐力的過程中，你的雙腿將會變得更強壯且不容易感到疲勞。隨著時間過去，知道自己能夠跑步上下坡將會強化你的信心，並增加許多新的訓練場地可以選擇。

　　當你剛開始進行上坡跑：

1. 挑一個和緩的、短程的斜坡做為開始。
2. 慢慢地開始跑。注意身體在爬坡的時候使用哪些肌肉。
3. 從短程開始，持續跑一兩分鐘即可。如果你挑選的斜坡所需的跑步時間較長，就先走路休息一下然後再試著繼續跑向頂端。
4. 當你到達頂端之後，以慢慢跑或慢走的方式回到平路。
5. 重複上述慢慢跑步上坡和走路下坡2到4次做為開始。
6. 傾聽你的身體，如果你的肌肉緊繃或呼吸困難就放慢速度。
7. 一旦你可以輕鬆地在你所選擇的斜坡跑步上下，你可以增加坡道的長度或斜度、訓練的間隔數（快跑上坡和慢跑下坡的次數）或是跑步的速度來挑戰自己。注意不要跑得太多、太遠、太快，並記住下坡跑步會對關節施加許多壓力，因此請務必慢慢來！

在起伏的地形上進行訓練

　　無論走路或是跑步，斜坡總是具有挑戰性的。因此爬坡的時候請記住以下要點：

• 以腰部為支點，上半身稍微向坡道傾斜。
• 維持核心部位（腹部和背部）的強健。

- 專注在眼前幾呎就好，不要再多。
- 縮短步伐，使用小快步。
- 用前腳掌著地，將膝蓋抬得稍微比平常高。
- 手臂保持擺動。
- 保持耐心；在你意會過來之前，你已經從另一側跑下來了。
- 在下坡的時候確保你有放慢速度，因為你身體所有的關節、肌肉和肌腱所承受的壓力都比上坡的時候大得多。

　　我們在第3章討論過暖身與緩和伸展的必要性。然而有些重點值得再次強調。伸展運動可以藉由提高你的柔軟度使你成為更好的跑者。別忘了先以走路或原地跑進行和緩的暖身。萬一你感到特別緊繃，就用手指按摩肌肉來促進血液流動。（如果你有跑步夥伴，必要的時候你們可以互相為對方按摩肌肉。）輕鬆地展開例行的伸展運動，並堅持在每次鍛鍊之前進行輕度伸展；將較深、較久的伸展留到跑步後進行。記得每次跑步前後都要進行伸展。

瑜伽

　　提倡以瑜伽提升跑步表現的專家麥可‧德尼森（Mike Dennison）表示，「瑜伽是相當適合跑者的健身方式。跑步是單一面向的動作，我們每次跑步都對同樣的肌群、肌腱、韌帶和骨骼重複施力數百次甚至數千次。」而瑜伽是補充跑步不足之處的完美運動，它能夠反過來讓跑者變得更強壯而且較不容易受傷。

　　德尼森為瑜伽初學者提供了一些入門技巧。第一，不要期待速成。如同其他的體能運動，瑜伽的進展也是逐步漸進的，過程中同樣會有高低起伏和停滯期。話雖如此，即使在柔軟度上獲得微小的進步也能造就身體的感覺和表現極大的改變。第二，找個好老師。

　　那麼面對各種令人眼花撩亂的瑜伽類別和名稱該怎麼選擇？要判斷哪一種瑜伽最適合你，最好的方法就是實際去上一堂課。德尼森建議一週至少要練一次瑜伽。別忘了，瑜伽是一種配合你的跑步訓練的

補充運動，所以練習的次數端視你在常規訓練之餘保有多少時間和精力而定。

跑步技巧

當你剛開始跑步的時候，技巧不太可能成爲你的阻礙。然而隨著你跑得愈快與愈遠，技巧就愈可能影響你的表現。我們經常可以從外表上和內在的感覺來判斷跑步技巧是否良好；如果跑起來感覺流暢而且有效率，八成就是跑步技巧運用得當。

如果想要他人對你的跑步技巧提出意見回饋，一個絕佳的方法就是加入跑步團體。這類團體的成員通常包含各種能力水平的跑者，他們之中的某些人應該能夠幫助你提升你的表現。

以下說明關於良好的跑步和走路姿態的基本要素。你並不需要熟記這份清單。只是當你閱讀它的同時，想想自己的跑步風格，一次針對一個部分。記住，要增進你的跑步技巧，你能做的最重要的一件事就是放鬆。

摘　要

瑜伽對跑者有益，因為它可以：
- 改善身體過度緊繃部位的柔軟度
- 強化跑步時較少使用的腿部肌肉（股四頭肌、臀肌）
- 增強跑步時用不到的肌肉（上半身、核心肌群）
- 透過橫膈膜深呼吸提高肺活量
- 促進思慮清晰和專注力
- 減少整體的心理和身體壓力

跑步姿勢

足部 你的雙腳應該朝向正前方而且保持平行。每當腳掌觸地的時候，它應該落在髖部的正下方。

大腿 當你的左腳著地的時候，你的左大腿應該在右大腿向前移動的同時出力向後抬起（反之亦然）。

髖部 你的髖部應該要保持靈活，以便跨出幅度更大、更有效率的步伐。

軀幹 你的軀幹應該保持挺直，骨盆內收（中間位置）。想像自己挺直著身體跑。

肩膀和手臂 你的手臂應該由肩關節帶動，自然地擺動。健走者應該保持手肘微彎、手腕放鬆，而跑者應該保持手肘彎曲、手掌呈杯狀。跑者應該專注在保持肩膀的高度一致並帶動手臂向後擺，這會製造一個反彈作用將手臂往前送。

常見問題

新手跑者尤其需要注意這些常見的問題。

步幅過大 步幅過大是在跑者努力加大步幅的過程中，前腳著地時膝蓋呈現繃直的情況。這麼一來前腳會在身體重心的前方著地，引起衝擊和減速。在這樣的姿勢下，膝蓋較無法吸收衝擊力，而且遲早會產生疼痛。為了避免步幅過大，請務必確保你著地的每一個腳步都落在髖部下方，並且保持膝蓋微彎。

上半身扭轉過度 跑步和走路一般屬於線性運動。如果你的上半身扭轉過度，那麼本來應該用來引領身體前進的能量便會消耗在不必要的扭轉動作上。此外，如果你扭轉上半身，你的手臂和雙腳往往會跟著越過身體中線。這樣的跑步或走路方式不但效率不彰，而且也會增加受傷的機會。在你試著保持身體正直的同時，專注使你的手臂呈90度擺動。

過高的雙手、聳起的肩膀 當你感到疲勞的時候，你的手往往會

舉高，而肩膀則會聳起，這樣的動作會造成上半身肌肉的緊張加劇以及能量的浪費。你的肩膀和雙手應該保持放鬆。為了確保它們確實放鬆，請專注在以下的姿勢上：抬頭，眼睛直視前方；肩膀保持水平，向後、向下拉；挺胸收腹（朝脊椎壓縮）；骨盆固定在中心位置。

檢查表提案

- ☐ 1. 交叉訓練能夠強化而且平衡體能的發展、防止心理倦怠並有助於預防受傷。
- ☐ 2. 游泳、騎單車、越野滑雪、溜直排輪、攀岩和團體健身課程是跑者絕佳的交叉訓練選項。
- ☐ 3. 肌力訓練有助於矯正跑步對股四頭肌／腿後筋肌、腹肌／下背肌，以及小腿／脛前肌造成的肌肉發展不平衡。
- ☐ 4. 上坡跑是增進肌力和動力的好方法；如此一來你可以跑得更快、更遠。
- ☐ 5. 良好的跑步技巧包括挺直身體、直視前方、自然地擺動手臂、以足前部離地並以足中部著地等。

CHAPTER **8**

為你的身體加油

理想的跑者飲食由大量的碳水化合物食物所組成,包括全麥
麵包和高纖穀片,以及紅色、橘色和深綠色的水果和蔬菜。
這些食物供應跑者完成日常鍛鍊所需的燃料,還有幫助復元
的維生素、礦物質和抗氧化劑。

油箱裡如果沒有適當的燃料汽車就跑不動，而身體也是一樣。不論你的運動量大或小，不管你是要減肥還是增胖，你都必須供應身體有益健康的飲食，它才能夠良好地運作。

每個人都一樣，但對跑者來說尤其如此。運動對身體來說可能是件相當費勁的事──即便是盡量將辛苦程度降到最低的13週走跑訓練計畫裡的運動也一樣。如果忽略身體對於適當食物的需求，你將置自己於更大的疲勞、受傷以及疾病的風險中。如果你悉心照顧和餵養你的身體，它將會變得更強壯去回應運動產生的需求。如此不僅你的訓練會更有成效，你在訓練的過程中也會感覺更好，而且恢復的時間也會縮短。

登記有案的營養師派翠莎‧崔（Patricia Chuey）對於有那麼多的人忽略他們基本的營養需求感到訝異。「談到營養，人們犯了許多錯誤。我們好像在社會化的過程中養成了壞習慣。如果人們在一天之中想要休息片刻，他們通常就只是坐下來喝杯咖啡！或是在下班後藉著喝酒和吃鹹的零食來放鬆自己。」

訣竅

不要戒斷你所熱愛的食物──但要有所節制。

擁有運動學博士學位的登記有案營養師淑‧克勞馥（Sue Crawford）體認到，在今日忙碌的社會中，人們很難顧及吃得營養這回事。「培養適當的飲食習慣需要經過仔細的思考，」她說道，「不當的飲食總是被強力推銷。」然而你有充分的理由去拒絕湧向你的垃圾食物。如果你不供應身體它所需要的營養，所產生的後果可能是容易感到疲勞或變得較常生病（感冒和流感），但也可能是罹患心臟病或癌症。

吃得健康

　　健康飲食的三大重點是均衡、多樣性和適量。在現今高度加工「速食」當道的時代還可以加上第四大重點，那就是盡量接近天然的食物。

　　「均衡」就是從所有主要的食物類別中攝取食物，包括水果、蔬菜、穀物、豆類、肉類和乳製品——當然對素食者而言會有例外。記住，單一的食物類別無法供身體需要的所有營養素。一塊牛排搭配一些豌豆並不是均衡的一餐，連續一個月每天吃義大利麵偶爾搭配點沙拉也稱不上是均衡的飲食。

　　「多樣性」意味著每天從各個主要食物類別選擇食物組合以確保吃得健康。你的飲食或你對某類別的食物攝取不該由單一食物所主宰，不論它的營養價值有多高都一樣。舉例來說，柳橙含有大量的維生素C，然而單吃柳橙而排除其他有益健康的水果如蘋果、莓果、甜瓜和香蕉——它們各含有不同的營養成分——並不會讓你擁有最佳的健康狀態。

　　「適量」的意思是確保你不會吃得太多或太少。營養師建議，每天應至少攝取5份穀類食品和5份蔬果。如果你的飲食包含乳製品，營養學家建議一天應該至少攝取3份（青少年和孕婦或授乳婦女3至4份）。每一個人每天也應該攝取2份肉類或替代性蛋白質來源（如豆腐、烤豆子）。那麼，多少算是1份？以下的單位都能構成一個平均的「份」量：1片麵包、1碗穀片、1根香蕉、1顆馬鈴薯、1至$1\frac{1}{2}$杯（200至300毫升）煮熟的豆子、2顆蛋或3盎司（85公克）的肉類——大小約略等同於一盒撲克牌。吃蛋和乳製品的素食者（或稱奶蛋素）和那些只吃乳製品的素食者（又稱奶素）必須仰賴水果、蔬菜、穀物、豆子、堅果和種籽以取得肉類提供的營養素。不吃奶也不吃蛋的素食者仰賴上述這些食物類別獲取奶類和肉類所供應的營養素。對素食者而言，營養強化的黃豆製品是特別豐富、有益的營養來源。

　　「天然食物」可能會讓人聯想到健康食品專賣店，但這個詞其實

只是表示未經加工或盡量不經加工的食物。這類食物往往對身體比較有益，因為它們通常比重度加工食品含有較多的營養素和較少的人工添加物。舉例來說，以對身體的好處而論，馬鈴薯優於洋芋片，全麥麵包優於白麵包，蘋果優於蘋果汁。這並不代表你永遠不該碰垃圾食物，只是它不該在你的飲食中扮演舉足輕重的角色。

低碳水化合物飲食

北美洲人面臨著前所未有的不健康和過重問題。當今的24小時速食文化改變的不只是我們的飲食習慣，還有我們的飲食份量。低碳水化合物飲食保證可以使人快速且輕易地脫離減重的苦海，難怪數百萬的北美洲人除了牛排、培根和起司之外幾乎什麼都不吃。

高蛋白、低碳水化合物的飲食法在1970年代首度受到歡迎，然後在21世紀初期再度掀起熱潮。這些提倡攝取大量蛋白質同時阻斷碳水化合物的飲食法給了各種體態的人們易於實行的減重新選擇。不論是久坐不動的胖爸爸想要減輕20磅（9公斤）並讓自己精力充沛，或是強壯的運動員想要進一步追求更精瘦的體格，低碳水化合物飲食法（至少在一開始）確實可以幫助他們達到減重的目標。

低碳水化合物飲食法背後的「科學」

低碳水化合物飲食法為人所不解的疑惑之一，是它如何能在一開始達到快速減重的效果。運動營養學家派翠莎‧崔表示，「**人體主要將碳水化合物儲存在肝臟和肌肉組織。每儲存1公克的碳水化合物（肝醣），身體可能儲存高達0.1盎司（3公克）的水。**當人們停止攝取含有碳水化合物的食物，他們就會逐漸耗盡肝醣，而這也會導致體液流失。」這個利尿作用的結果就是體重迅速減輕，只是減掉的並不是脂肪。根據派翠莎‧崔的說法，這些飲食法會誘發一種稱為酮症（ketosis）的疾病，它會抑制食慾，導致身體降低對熱量的攝取。

當碳水化合物再度被納入飲食中，身體會將它們和水分一起被儲

存在體內。接著飲食者會發現自己的體重立即上升，然後以爲這來自脂肪組織的增加。然而情況並非如此——此時增加的大多是水分。這就是碳水化合物飽受罵名的原因。非常重要的一點是，要知道身體需要持續攝取碳水化合物方能維持大腦和肌肉的日常運作並進行如跑步這類的重大運動。而那些因爲重新攝取水果、蔬菜和全穀類而略爲增加的體重實則提供了一劑健康的能量來源和液體補給，這對身體的運動表現相當重要。

低碳水化合物飲食鮮為人知的一面

- 低碳水化合物與高蛋白的飲食法往往可以造成立即的體重下降，但很少會導致永久的體重減輕。
- 大部分的低碳水化合物飲食者發現這種飲食法限制太多，難以終生實行。
- 蛋白質和高脂食物口味重且易飽腹，然而飲食者很快就會感到厭煩並開始渴望碳水化合物。
- 素食者很難實行低碳水化合物飲食，因爲如此一來他們的食物選擇將變得極度有限。
- 低碳水化合物飲食富含飽和脂肪。許多研究顯示富含飽和脂肪的飲食會引起重大的健康風險。
- 低碳水化合物飲食法不切實際，因此只能做爲減重或體重控制的短期解決方案。限制碳水化合物的攝取排除了許多混合膳食（如砂鍋燉菜）、限制了速簡餐點的選項（如三明治），並且讓外食變成一件複雜的事。

跑步與低碳水化合物飲食

　　脂肪和蛋白質並不是「乾淨」的燃料來源；當運動的人被迫使用它們做爲燃料的來源時，他們會感到很不好

低碳水化合物飲食法的缺點
- 大量攝取低纖、高脂的食物能導致便祕。
- 有限地攝取水果、蔬菜和全穀類會讓大多數的人感到呆滯、頭昏眼花、情緒不穩以及注意力渙散。
- 運動的人會活力減退而且運動的慾望降低——這正是運動表現不佳的肇因。

受。研究顯示，低碳水化合物飲食對運動員會造成深遠的影響。經過證實，這些人比飲食均衡的運動員更快疲勞、協調性較差而且情緒較容易煩躁。那麼營養師對於規律運動者的良好飲食有什麼建議？運動營養學家派翠莎‧崔建議「優質的碳水化合物食品，包括香蕉和其他水果；蔬菜、全穀類、成分單純的能量棒（energy bars）、巧克力、牛奶以及優質的運動飲料。雖然低碳水化合物飲食者對這些食物退避三舍，它們卻能輕易轉換成能量和糖，而且廣受運動員的喜愛，因為它們能促進身體恢復的速度。」派翠莎‧崔指出，碳水化合物仍然是運動的人主要的能量來源。如果沒有碳水化合物，跑者和其他運動員會反映出無精打采和表現能力下降的情況。

理想的跑者飲食

跑者通常每天鍛鍊，因此他們攝入的食物對他們的運動表現、恢復情況和整體健康具有重大的影響。不論他們每週鍛鍊幾個小時，他們的身體都需要適時獲得適量且適當的食物。為了從跑步計畫獲得最大的益處，跑者必須滿足跑步加諸身體的營養需求。

運動營養學家派翠莎‧崔強調「**理想的跑者飲食由大量的碳水化合物食物所組成，包括全麥麵包和高纖穀片，以及紅色、橘色和深綠色的水果和蔬菜。這些食物供應跑者完成日常鍛鍊所需的燃料，還有幫助復元的維生素、礦物質和抗氧化劑。**」

派翠莎‧崔也極力主張在跑者的日常飲食中定期納入優質的蛋白質食物，如畜肉、禽肉、魚肉和豆腐。這些食物提供了肌肉修復、氧氣輸送和適當的免疫功能必需的胺基酸、鐵與鋅。女性長程跑者可能會比她們的男性對手有更大的缺鐵風險。對她們而言，將蛋白質納入日常飲食中尤其重要。和肌肉收縮、神經傳導、碳水化合物代謝以及骨骼養護相關的鈣是跑者飲食的另一項重要成分。除了乳製品以外，營養強化的黃豆產品、果汁飲料和深綠色的葉菜都能供應這個重要的營養素。

除了食物，液體也是跑者的運動表現和整體健康的基本要素。完

美的跑者飲食應該包含在運動之前、之中和之後充足的液體攝取，以確保身體內部的功能——如營養輸送、體溫調節和廢物清除——在最佳狀態下運作。尤其在溫暖的環境下跑步時，這一點特別重要。

完美來自妥善的計畫

正確的飲食需要經過一番規劃。雖然你毋需成為食物營養價值的專家，但如果你了解健康飲食的基本要素，並在採購的時候記得這些要素，你會發現維持身體健康變得比較容易。如果你向來習慣以速食為主食或仰賴高度加工食品，你可能會需要花點時間適應這些改變。

預先包裝食品（pre-packaged food）和即時餐點經常是為了因應食品趨勢而設計；它們的賣點通常在於口味和賣相，而非營養價值。這些便利食品可能成為一頓營養、快速調理的餐點的一部分，但你應該小心地閱讀標示，以免你所挑選的食品含有研究證實可能對人體有害的成分。舉例來說，氫化植物油能導致心臟病，而名為亞硝酸鹽的防腐劑則和某些類型的癌症脫不了關係；因此你將需要避免這些成分。

簡單來說，你吃下食物，讓身體能夠從中攝取生存所需的營養素，包含礦物質和維生素等。不論你採用何種飲食法、不管你是否攝取新鮮的食物、無論你是像青少年那般狂飲牛奶或是完全不碰它，你的細胞正在尋求某些基本元素以便能夠正常地運作。人體即是使用來自食物的碳水化合物、蛋白質和脂肪製造自身所需的燃料。

碳水化合物

碳水化合物是供給大腦和肌肉燃料的重要能量來源。

如下份量的高碳水化合物食物是跑者良好的能量來源。

- ½ 杯（125 毫升）葡萄乾
- 4 塊無花果夾心餅（Fig Newtons）
- 1 條優質能量棒
- 1 個小的全麥貝果
- 1 杯（250 毫升）葡萄
- 1 條中等大小的香蕉
- 8 盎司（250 毫升）柳橙汁或巧克力牛奶

任何穀類食物中皆富含碳水化合物，例如米飯、麵食、麵包和餅乾；此外還有水果和果汁、蔬菜，以及含量較少的乳製品與豆類。

碳水化合物相當重要，對運動員而言尤其如此，因為它能夠迅速轉化成葡萄糖（在血流中循環的單醣）。碳水化合物與蛋白質和脂

莎拉

莎拉在過去幾年向來有跑步的習慣，而且一直維持著健康的體重。然而在她到朋友家度過兩週寒假後，這位 27 歲的老師發現她的褲子頓時變得很緊。她對自己身上增加的 10 磅體重感到相當不高興。

在聽了同事討論他們快速減肥的成果後，莎拉決定試試低碳水化合物飲食法。她在數週內減去了一些體重，唯一的缺點是她變得缺乏活力。在嘗試這種飲食法之前，莎拉向來不愁找不到一週跑步三次的動力，但在那之後，如果她一週能跑步一次就算相當幸運了。她的能量銳減，而且每當走路或跑步時她便感到頭暈目眩和情緒不穩。她還幻想可以吃到貝果、義大利麵和餅乾！

兩週後，莎拉減輕了 8 磅（3.6 公斤）並開始將碳水化合物再度納入飲食中。莎拉增加了一些體重但她的能量幾乎回復正常。雖然她的褲子在她施行低碳水化合物飲食法時變得較為合身，但莎拉並不喜歡這樣的飲食法對她的情緒和能量帶來的改變。現在她試著限制自己對精製食品和加工食品的攝取，取而代之的是較營養的替代品，如豆子、水果和全穀類食品。儘管莎拉尚未達到她原本的減重目標，現在的她感到更健康而且有更多活力重回原本愛運動的生活方式。

肪不同之處在於它可以迅速分解成葡萄糖；有些幾乎馬上就能夠做為頭腦和肌肉的燃料。多餘的葡萄糖也能以肝醣的形式儲存在肌肉和肝臟，而肝醣正是肌肉運動的主要燃料來源。人體能夠儲存的肝醣十分有限，因此我們必須持續補充它。

或許你正納悶，與其食用需要先經過分解的碳水化合物，直接讓糖分進入人體會不會是最好的辦法。有充分的理由可以說明為什麼你不該這麼做。最主要的原因是，糖分是一種缺乏營養的燃料，它只供應卡路里，而無法同時提供其他你所需的東西，像是維生素、礦物質、抗氧化劑和蛋白質。

總而言之，你每日攝取的熱量中大約55%到60%應該來自碳水化合物。每2.2磅（1公斤）的體重每日需要消耗的碳水化合物是0.14到0.18盎司（4到5公克）。有些運動員因為聽說碳水化合物是活力食物，於是攝入過多的碳水化合物，並不當地將其他重要營養素排除在外。運動員攝取的熱量80%來自碳水化合物的情況相當常見，但選擇這個方法將使身體無法獲取其他重要的營養素。

另一個健康上的顧慮是，北美洲人對碳水化合物的熱量攝取大多來自白麵條和麵包，來自水果和蔬菜的熱量並不足夠。諷刺的是，許多素食者也落入這個陣營。「『穀類死忠支持者』是對許多我所見到的素食者更貼切的形容，」派翠莎‧崔如是說。「他們往往食用各種米飯與麵食以及太少的水果與蔬菜。除非是全麥製品，否則一般的麵食不過就是做成麵條形狀的白麵包。我總是試圖讓素食者多吃些蔬菜。此外，攝取不同的穀類食物也是一個好主意。」雖然麵條似乎是運動員理想的碳水化合物來源，最好還是納入其他種類的穀物（例如糙米、藜麥和燕麥）為飲食增添一點變化。

蛋白質

蛋白質是另一項均衡飲食的基本要素；它應該占你所攝取的熱量的15%到20%。專家建議，每日蛋白質攝取量應為每2.2磅（1公斤）體

重0.03盎司（0.8公克）；運動量大的人可以增加到每2.2磅體重0.05盎司（1.5公克）。

蛋白質是體內細胞正常生長和修補的必需品。派翠莎・崔表示，人們很容易可以明白發育期的小孩需要蛋白質的原因，卻難以理解其對成年人的重要性。事實上，每個人身上的肌肉纖維和細胞都不斷在受損，尤其對心理上或身體上承受壓力的人而言更是如此。身體需要蛋白質來進行修復和重建。但整體而言，一個運動員每單位體重所需的蛋白質並沒有比不運動的人多，而一般北美洲人的蛋白質攝取量已經是綽綽有餘。無論是透過食物攝入或藉由營養補充品獲得的多餘蛋白質都會以脂肪的形式儲存，而且在某些情況下能導致脫水。

蛋白質含量最高的食物有肉類（包含魚肉和甲殼魚類）、蛋、乳製品（包括牛奶、起司和優格）以及各種豆類（包括扁豆和豆實）。派翠莎・崔和其他營養師（當然還有素食者）都將黃豆製品，如豆腐和豆漿，列為最健康的蛋白質來源之一。許多人避吃豆類，抱怨它容易引起脹氣，然而這是落入了循環論證（circular logic）的謬誤。人體無法製造消化豆類所需的酵素，而解決之道就是經常食用它們。所以如果你吃愈多的豆類，你終將能夠愈輕易地消化它們，而且脹氣的情況將會減輕。

脂肪

雖然太多的劣質脂肪對你有害，完全沒有脂肪卻是更糟的情況。當然，懂得如何分辨健康和不健康的脂肪是很重要的。

最健康的脂肪來源之一是Omega-3脂肪酸，它們是重要的營養素。人體利用它們製造某些化學物質來維持正常

運作。含有Omega-3脂肪酸的食物包括魚肉、甲殼魚類、黃豆製品、核桃、芥花籽油、亞麻籽油、小麥胚芽以及綠葉蔬菜。單元不飽和脂肪（monounsaturated fat）也是健康的脂肪，因為它們有助於降低血液中的壞膽固醇（LDL）並提高好膽固醇（HDL）的含量。含有單元不飽和脂肪的食物包括橄欖、橄欖油、杏仁、芥花籽油、花生以及酪梨。你吃進的脂肪大部分應該取自這類來源。

紅花油、玉米油和葵花油中所含的多元不飽和脂肪也是健康的脂肪，但健康的程度次於Omega-3脂肪酸或單元不飽和脂肪。

存在於紅肉、全脂乳製品（包含各種起司），以及椰子油、棕櫚油等植物來源中所含的飽和脂肪最好僅止於少量攝取。最後，最好將含有反式脂肪酸的脂肪攝取量降到最低。以天然形式存在的反式脂肪相當稀少，然而它可以存在於氫化植物油製成的高度加工食品中。含有大量反式脂肪酸的加工食品包括某些人造奶油和許多的速食、零食、商業化的烘焙食品（餅乾、馬芬鬆糕、蛋糕）以及烘焙預拌粉（backing mixes）等。

如果你正試圖要減重，將脂肪從飲食中完全排除是個大錯特錯的方法。你需要脂肪做為身體的燃料。如果你在飲食中排除脂肪，你的身體會將這解讀成飢餓的訊號，而且身體不但不會燃燒自身儲備的脂肪，反而會盡其所能地保住它們。因此完全斷絕脂肪的攝取並非減重的長久之計。

維生素和礦物質

維生素

> **真　　相**
>
> 想要用斷食法加跑步達到減重的目的是行不通的。激烈的運動搭配不足的熱量攝取會導致身體去保護它所儲存的脂肪。

維生素是調節體內化學反應的代謝催化劑。如果你飲食均衡並攝取適當的熱量，你對維生素補給品的需求可能就非常地低。如果不是這樣的話，無妨以均衡的綜合維生素和多種礦物質補充日常飲食所欠缺的營養，但切勿欺騙自己，以為無論如何只要將大把藥丸塞進嘴裡就可以代替良好的營養攝取——它們之所以被稱為補給品而非替代品不是沒有原因的。

維生素A存在於乳製品和蔬菜中；維生素C在某些水果和蔬菜中；維生素B（包含硫胺素、核黃素、菸酸、葉酸、B6和B12）在肉類、全穀物、酵母、綠葉蔬菜和黃豆中；維生素D在蛋黃、魚肝油、營養強化牛奶和豆漿產品中；維生素E在小麥胚芽、全麥穀片中；而維生素K則在許多蔬菜中，特別是綠葉蔬菜。

維生素B的來源相當多元，因此值得特別留意。維生素B1（硫胺素）存在於麵包、穀片、堅果、豬肉和火腿中；維生素B2（核黃素）存在於牛奶、起司、肝臟、麵包和穀片中；維生素B3則存在於肉類、魚肉、禽肉、麵包、穀片和堅果中。

稱為葉酸的維生素B群成員是人體進行細胞分裂的必需品，存在於綠葉蔬菜、小麥胚芽、豆類和柑橘類產品中。由於懷孕期間對葉酸的需求急遽增加，所有的育齡期婦女都應該攝取葉酸補充品；這麼做被證實可以減少胎兒罹患某些先天缺陷的風險。健康成人的建議補充量大約是400微克（microgram），孕婦則加倍為800微克。

維生素B12對於維持健康的神經系統和形成血液細胞皆扮演重要的角色。維生素B12天然存在於所有的動物性產品（肉類和乳製品），但並不存在於任何植物性產品中，因此它是素食者最容易缺乏的營養素。然而市面上有一些特別強化維生素B12的食品，包括營養強化豆漿和早餐穀片；人造雞蛋（simulated egg）、肉類和乳製品；某些代餐配方，以及在富含維生素B12的培養基所培養的營養酵母。此外，市面上也有一些維生素B12補充品。

礦物質

如同維生素，礦物質也是維持身體運作的必要元素。其中比較重要的是鈣、鎂、鱗、鈉、鉀與鋅。

鈣是維持骨骼健康和強度的重要營養素——從童年成長，貫穿整個運動生涯，直到步入老年。女性尤其應該確保攝取足夠的鈣，因為她們需要在經歷更年期造成的骨質流失之前建立良好的骨質密度。不論男女都會在35歲之後開始流失骨量（bone mass），但由於女性的骨骼天生就比較細小，因此她們更容易罹患骨折。對女性而言，讓問題變得更複雜的是更年期體內雌激素水平的下降——這將進一步加速骨量的流失。目前建議男性和50歲前的成年女性每天攝取大約1000毫克（milligram）的鈣，50歲以上的女性每天1500毫克。同樣很重要的一點是，切記光靠補充鈣質並不能夠使骨骼強壯。必須搭配負重運動（weight-bearing exercise），且對女性而言尚需正常的雌激素水平，才能打造和維持強健的骨骼。

如同其他的營養素，鈣質最好也從食物來源中取得。舉例來說，牛奶不只含有鈣質，它還含有一種能促進胃酸分泌、幫助鈣質吸收的蛋白質。牛奶中的乳糖（糖的一種形式）也有助於鈣質的吸收；具備相同功效的還有維生素C和D（後者來自陽光的照射，通常也被添加於牛奶中）。其他良好的鈣質來源還包括罐頭鮭魚、板豆腐（鈣質添加）、鈣質強化豆漿、深色葉菜、芝麻籽以及無花果。有個好辦法是每天攝取至少3到4份鈣質或牛奶產品。關於良好鈣質來源食物清單請見第130頁。

注意：如果你沒有從飲食中攝取足夠的鈣質，你可能會想要考慮服用鈣質補充品。通常檸檬酸鈣（calcium citrate）和蘋果酸鈣（calcium malate）最容易被人體吸收，最好將這些補充品和食物一起服用。切記，不論你如何獲取鈣質，如果你也攝取酒精、咖啡因、鹽巴或過多蛋白質，你流失的鈣質將會比你所攝入的要更多。

另一個重要的礦物質——鉀，存在於香蕉、大多數的水果以及馬鈴薯中。鉀可以幫助身體傳遞神經脈衝並幫助肌肉收縮。

食物	份量	鈣含量 (毫克)
乳製品		
牛奶（全脂、2%、1% 或脫脂）	1 杯（250 毫升）	300
低脂原味優格	¾ 杯（175 毫升）	300
瑞士起司	1 盎司（30 克）	240
磚形起司或巧達起司（Cheddar）	1 盎司（30 克）	205
巧達加工起司片	1 盎司（30 克）	170
全脂無糖煉乳（evaporated whole）	¼ 杯（60 毫升）	165
茅屋起司（cottage cheese）	1 杯（250 毫升）	140
冰淇淋	½ 杯（125 毫升）	85
魚肉		
帶骨沙丁魚罐頭	中等大小 8 隻	370
帶骨鮭魚罐頭	3 盎司（85 克）	190
植物食品		
鈣質強化的黃豆或米飲料	1 杯（250 毫升）	300*
黑糖蜜（blackstrap molasses）	1 湯匙（15 毫升）	170
煮熟的白菜	1 杯（250 毫升）	150
板豆腐（鈣質添加）	¼ 杯（60 毫升）	125*
芝麻籽	1 湯匙（15 毫升）	90
芝麻醬（Tahini）	1 湯匙（15 毫升）	63
柳橙	中等大小 1 顆	55
杏仁醬	1 湯匙（15 毫升）	43
花豆或鷹嘴豆	½ 杯（125 毫升）	40
煮熟的綠花椰菜	½ 杯（125 毫升）	35
番茄罐頭	½ 杯（125 毫升）	35

*因製造商而異。請務必檢查產品標示。

資料來源：Dial-A-Dietitian Nutrition Information Society of B.C.

鐵質是血紅素的必要成分，而血紅素是負責將氧氣從肺部運輸到運動中的肌肉的血蛋白質。缺鐵可能會導致身體容易疲勞。忽略鐵質攝取的運動員將身陷缺鐵性貧血的風險；一般女性亦是如此，因為她們在生理期間流失大量的鐵。將身體的疲勞現象自我診斷為缺鐵，然後自行攝取鐵質補給品是不智的作法，因為鐵質雖然對身體很重要，然而攝取過量將具有毒性，而且會妨礙鋅和銅等礦物質的吸收。因此在使用任何鐵質補給品前請先諮詢你的醫師。

理想上你應該從食物中獲取鐵質。良好的鐵質來源包括肉類、肝臟、乾燥豆類、蘆筍、深綠色葉菜、水果乾、全穀類、李子汁以及添

蓋琳

在蓋琳開始跑步很久之前，她已經知道關於良好營養的枝微末節。她從小就被叮嚀多吃蔬菜和水果的好處，而且往往不需要刻意避免攝取壞脂肪──她就是不喜歡油膩的食物。這位 49 歲的教授說，「當我開始跑步的時候，我感覺到自己在這項運動中遙遙領先，而且我不需要特別去改變我的飲食習慣。」

出現在她身上的問題不是吃什麼或吃多少，而是何時吃。「我喜歡在下午下班回家後跑步。有些人跟我說我應該在跑步之前吃點東西，有些人則說之後再吃。」蓋琳試著在下午跑步前吃些點心，但在那之後她總是感到意興闌珊。

「最後我終於搞清楚對我來說什麼才是最好的，」她說，「現在除了午餐以外，我避免在跑步前吃東西。相對地，我喜歡在剛跑完步後吃東西。有時候我和我的伴侶甚至會挑選一條終點附近方便用餐或吃點東西的跑步路線。」

加鐵質的麵包和穀片。（檢查標示是否註明「添加鐵質」，若無表示此產品並沒有特別強化鐵質。）鐵質不容易被人體吸收，因此即使你吃下的食物含鐵，你的身體卻未必能利用它。對於植物性來源的鐵尤為如此。然而你可以將富含鐵質的食物搭配富含維生素C的食物一起食用，如此可以大幅提高身體對鐵質的吸收；不妨考慮以一大杯柳橙汁搭配早餐穀片或吐司。其他良好的維生素C來源包括綠花椰菜、馬鈴薯、草莓、番茄、包心菜以及深綠色葉菜。此外，你還可以輕易地藉由用鐵鍋做菜增加你的鐵質攝取量，這也是其他不吃肉或少吃肉的民族攝取鐵質的重要來源。

食物	份量	鐵含量（毫克）
植物性來源		
麥麩脆片（bran cereal）加葡萄乾	1 杯（250 毫升）	9
豆腐	½ 杯（125 毫升）	7*
馬鈴薯（帶皮）	中型 1 顆	2.75
花豆或鷹嘴豆	½ 杯（125 毫升）	2.25
荷蘭芹	½ 杯（125 毫升）	2
葡萄乾	½ 杯（125 毫升）	2
杏桃乾	10 顆（完整）	2
綠花椰菜	1 杯（250 毫升）	1.3
鐵質強化麵包	1 片	1
動物性來源		
蛤蜊	10 顆（中等大小）	10
牛肝	3 盎司（85 公克）	7
牡蠣	6 個	6
牛肉	3 盎司（85 公克）	4
火雞肉（腿肉）	4 盎司（110 公克）	2.6
火雞肉（胸肉）	4 盎司（110 公克）	1.5

雞胸肉	1	1
雞腿肉	1	1
鮪魚	3 盎司（85 公克）	1
鮭魚	3 盎司（85 公克）	0.7

*因製造商而異。請務必檢查產品標示。

資料來源：The Gerontology Research Centre, Simon Fraser University

某些食物會妨礙鐵質的吸收，如纖維素、茶和咖啡中的單寧酸，以及其他天然存在於食物中的化學物質。

對男性和停經後婦女建議的每日鐵質攝取量為8毫克，青少年和生理期間的女性為18毫克，孕婦每日則需要27毫克。關於良好鐵質來源的食物清單請見第132頁。

計算卡路里

一旦你決定要吃的食物種類，下一步就是弄懂應該吃多少份量。根據你運動量的大小和運動的種類，你所消耗的卡路里可能是你不運動時的兩倍。如果你想要維持你目前的體格或體型，你將需要思考「熱量進出」（calories in, calories out）公式。簡單來說，如果你攝入的卡路里相當於你做運動燃燒掉的卡路里，你的體型將維持在相當穩定的狀態。（記住，你隨時都在燃燒卡路里。當你讀這本書的時候你正在燃燒卡路里，即使在睡夢中你也在燃燒卡路里——只是沒那麼多也沒那麼快，然而你還是在燃燒它們。）如果你攝入的卡路里比你能燃燒的還要多，它們往往就會以體脂肪的形式儲存起來。因此攝取少點卡路里，你的體脂肪將會減少。

遺憾的是，這並不總是個完美的等式。受過挫折的節

食者就會知道吃得少並不見得就能減輕體重。如果你的身體覺得能量被剝奪，它便會進入飢餓模式，然後至少在一定的程度上會拒絕脂肪流失。這乃出自人類進化面的理由——主因在於身體不知道這樣的情況要持續多久你才會恢復正常飲食。（關於減重的部分我們稍後再談）

　　如果你想要確切地計算卡路里，不妨諮詢登記有案的營養師。你會得到一份關於你目前的飲食的完整分析，以及一個能幫助你釐清該吃什麼，以及該如何安排餐食的計畫；如此一來上超市將再也不是件令人沮喪和排斥的事。

點心的攝取

　　只要你選擇對的食物，吃點心可以為你的飲食帶來好處。吃點心的時候，考慮吃一顆蘋果而非一條巧克力棒，喝一杯牛奶而非一杯汽水。如果你習慣吃巧克力棒，新鮮水果對你來說可能會顯得索然無味，然而你的味蕾是可以重新被訓練的。大多數的人發現在改變飲食習慣數週後，天然食物吃起來滋味特別甜美，而人工甜味則令人倒盡胃口。不論食品廠商如何說得天花亂墜，運動能量棒都應該被視為點心而非正餐——它們就是不含足以做為正餐的營養素。

運動前的營養攝取

　　有兩個理由可以說明你應該在訓練之前吃東西。第一，你必須具備運動所需的能量，也就是油箱中的汽油；第二，當你進行訓練的時候，你需要專注在訓練項目上並試著從中獲得最大的效益，而不是一心想著你的肚子有多餓。

　　如果你想在訓練開始前吃頓正餐，請務必確保你留給身體足夠的時間去消化它：相當於晚餐分量的餐點需要三個小時的消化時間，而較小份量的餐點則需要兩個小時（相較之下，點心大約需要一個小時）。你的身體一次只能做有限的工作，所以如果它正忙著消化一頓大餐，自然就無法有效率地舉起重物或跑步。

在訓練前進食有助於預防低血糖（hypoglycemia）和隨之而來的疲勞、頭暈、視線模糊以及優柔寡斷等症狀。這些症狀都能讓你做出錯誤的選擇，即使是對像跑步這麼有益健康的事也不例外。理想上，你訓練前的餐食或點心應該要能提供易於消化的營養素並能幫助維持適當的體液平衡。它應該包括你所熟悉並喜愛的食物，如此一方面你可以吃得好，另方面你的身體不需要處理它不習慣的食物——你的身體被你訓練成習慣消化某些食物，所以會為此製造獨特的酵素。假設你給身體足夠的消化時間，那麼你在運動前不論是吃一頓傳統的感恩節晚餐或是豆腐蓋飯都不成問題。然而專家建議應該以碳水化合物為主，因為脂肪、蛋白質和纖維都需要較長的消化時間。

你的訓練期是一個多方嘗試並找出最適合你的飲食習慣的好時機。這就是訓練日誌派得上用場之處：它可以顯示基於你的飲食習慣所呈現的反應模式。

這裡有一些經過多人證實有效的運動前飲食建議：
- 冷穀片粥（cold cereal）、脫脂牛奶和 1 根香蕉
- 熱穀片粥（hot cereal）加黑糖和蘋果泥
- 紅醬義大利麵和脫脂牛奶
- 餅乾、一些起司和水果
- 全麥麵包加花生醬、一些水果和 1 杯脫脂牛奶
- 低脂優格、新鮮水果和全麥薄餅（graham wafers）
- 流體膳食：混合 1 湯匙低脂優格、1 杯（250 毫升）脫脂牛奶、1 根香蕉和 1 茶匙（5 毫升）香草精

多喝水就對了

對跑者而言，水可能比食物還重要。人體的70%由水分組成，而且隨時都透過流汗、呼吸以及排泄等管道流失

水分補充指南

你所需要的水分比你以為的還多。這裡提供一個簡短的摘要：

1. 運動前兩小時：2 杯（500毫升）
2. 運動前 10 到 15 分鐘：1-2 杯（250-500毫升）
3. 運動中每 15 到 20 分鐘：½-1 杯（75-250 毫升）
4. 運動後 10 到 20 分鐘：1-3 杯（250-750毫升）

水分。流汗就像人體天然的空調系統：當你藉由運動加熱這個機制，你會開始流更多的汗。為了維持體液平衡，你必須喝下足夠的水來補充以汗水形式所流失的水分。有時候水分的流失令人難以察覺，而運動員可能會驚訝地發現他們早已耗盡水分。滑雪者以及在炎熱、乾燥氣候下運動的人特別容易流失水分，因為他們常常不會意識到他們流了多少汗。有時候水分流失的徵兆表現為不論你喝下多少水都無法緩解的激烈口渴。你是否曾經有過突然感到口渴，但儘管你一喝再喝，直到水已經灌滿了肚子卻仍然無法止渴的經驗？會這樣的原因是你的「空調系統」已經耗盡了水分，而你的身體需要一些時間將你喝下的水再度送進系統。因此當你進行鍛鍊的時候，提早在感到口渴之前就開始喝水這一點相當重要。

補充經流汗流失的水分還有其他較不廣為人知的原因。水會過濾掉毒素，還會幫助身體消化食物，並將之轉化成可以輕易在血管中流動的形式。此外它也有助於將電脈衝訊號（electrical messages）傳送到全身。

那麼你需要攝取多少水分？答案是很多。如果你不做任何運動，專家的建議是每天喝6到8杯水。如果你有運動的習慣，你的需求量會上升，而上升的幅度取決於你運動的激烈程度、你的體溫，以及你所穿戴的衣著和配備。一般而言，早在運動前就開始喝水是個好主意。在運動前大約兩小時喝至少2杯水，在運動開始前10到15分鐘再喝1到2杯水。在運動中每過15到20分鐘再喝1杯水。最後，當訓練結束的時候也不要停下來：在停止運動的10到20分鐘之內再喝1到3杯水。

注意，這些只是指導原則，一般的建議份量可能不足以補充某些人對水分的需求。想要知道在密集的運動過後

你是否妥善地補充水分的唯一方法，就是在運動前後穿著一樣的服裝量體重——尤其是當天氣相當暖和的時候——或者更好的作法是什麼都不穿。（因為如果衣服吸收了汗水，你會得到錯誤的測量值。）運動期間失去的體重所代表的正是你在鍛鍊期間流失卻未補充的水分。

抗拒用酒精支撐自己完成訓練項目的衝動。雖然你常會看到運動員在鍛鍊過後暢飲啤酒，咕嚕著說這是他們付出努力「贏得」的報酬。然而酒精屬於利尿劑，只會讓你已經缺水的身體流失更多的水分。（如果你非得在訓練後喝酒不可，至少試著同時喝下幾杯水。）

當然了，你不需要仰賴喝水做為唯一的液體來源。

真　　相

人體有 70% 由水分組成，在運動的時候對水分的需求會急遽增加。這是因為不僅是流汗，急促的呼吸也會導致水分流失。

跑者筆記

恰司開始跑步的原因只有一個：他想要減重。他在高中畢業 10 年後的同學會上萌生了跑步的念頭。「一個我認識的女孩盯著我看，好像沒有認出我來。我必須自己告訴她我的名字，而當我這麼做的時候她看起來驚訝萬分。『你變得好胖』，當時她這麼說。我覺得糟透了。」

恰司開始上當地的健身房，但他對健身車和跑步機感到厭煩。當他抱怨的時候，一名服務人員建議他加入跑步團體——這不僅有助於激發幹勁，而且也比在定點跑步有趣多了。起初恰司對於無法獲得他所盼望的即時成效感到洩氣。「我花了一點時間才體認到如果我想要減重，我需要做的不只是跑步而已。」恰司用了好些時間改變他的生活習慣，而在他將心理和飲食同步調整之後，他的體重隨即開始下降。「我的體重正在減輕，而且我很有信心我能讓它繼續下降——無論如何，希望能持續到下次同學會。」

恰司

你在一天之中喝下的大多數液體都可以幫助你達到身體對水分的需求。而咖啡雖然含有水分，卻不是身體最好的水分來源。它和酒精一樣是利尿劑，而且加上過量的奶精和糖，它可以變得有害健康。果汁還可以，但要避免添加大量糖分的種類（單就這一點而言，任何含糖量過高的產品都要避免），因為腸道累積過量的糖分會降低肌肉的含水量。當你跑步的時候，這會引起進一步的脫水，進而導致反胃、腹瀉和抽筋。

運動飲料的效果不僅是行銷噱頭而已。這類飲料有些可以補充電解質，如鹽類和鉀，有些則供應你的身體在漫長的比賽中渴望獲得的碳水化合物和糖類。也有些運動飲料兼含上述兩類成分。這些飲料對於參加長時間（長於兩小時）比賽、激烈運動（如馬拉松或鐵人三項），或是訓練時間長達一個半小時以上的運動員可能會有所幫助。對於持續時間較短的運動，也就是你在13週走跑訓練計畫中所從事的運動類型，只要喝水就已足夠。

體重管理

老練的跑者往往有著相當消瘦而且面有飢色的外表，或許這說明了為什麼許多人選擇跑步做為體重控制的方法。雖然無法立即見效，甚至在短期之內也未必能獲得想要的結果，跑步仍然是體重控制相當有效的輔助措施。然而成為跑者需要耐心與決心。許多想要減重的人會嘗試跑步，然後因為沒有快速收到想要的成效而放棄。事實上，跑步帶來的生理效益通常需要經過六個月的時間才會變得明顯，而跑者的體態大約需要經過一年的時間才會開始有顯著的改變。想想你花了多長的時間才增加那些重量，那麼你又怎麼可能以較少的時間擺脫掉它們？

值得記住的一點是，如果你每天吃劣質的食物當作晚

餐，即便有規律的跑步計畫也達不到減重的效果。如果你想要減輕體重，你必須堅持均衡的飲食，並從事長時間、規律的有氧運動。除此之外沒有捷徑、沒有輔助機器也沒有任何的靈丹妙藥。

如果你的目標是減重，要知道你生來就屬於某種體型——你可能沒有瘦子的基因。有些人天生就瘦，有些人無論做多少運動就是永遠瘦不下來。這並不代表那些人無法透過運動來減重，只是要實際地面對能夠減去的重量有多少，以及這些脂肪會從身體的哪個部位消失。身體脂肪在你的腰部構成的「游泳圈」會比臀部或大腿的脂肪更容易透過運動來消除，因為臀部和大腿附近的脂肪為性荷爾蒙（reproductive hormones）而非壓力荷爾蒙（stress hormones）所支配，因此受到身體更密切的保護。

如果你向來習慣久坐不動，很重要的一點是從較低強度的運動開始做起，然後逐步鍛鍊到中等乃至於高強度的運動；本書13週訓練計畫的作法即是如此。然而一旦你的體適能水平獲得提升，低速跑步將不再是燃燒脂肪或消除脂肪的最佳方法。在每個訓練日進行一個40到60分鐘的中至高強度訓練項目或數個較短的訓練項目將會燃燒更多的總熱量，最終會燃燒更多的脂肪。

還有一個最後的警告：小心時下流行的極端節食法（fad diets）。極端節食法的目的往往在於利用人們的不安全感使其發明者從中牟利，而不在促進其追隨者的身體健康。這並不是說所有的飲食法都不能信任，只是要獲得良好的營養沒有速成的魔法。如果你善用良好的營養，你將不需要尋求神奇良方。

如果你想要更多關於減重——或關於飲食、營養或菜單規劃——的詳細資訊，不妨查看本書末尾列出的一些有用來源。

檢查表提案

☐ 1.健康飲食的三大關鍵是均衡、多樣性和適量——以及未經加工的食物。

☐ 2.理想的跑者飲食包括許多富含碳水化合物的食物，如全穀物穀片、水果、蔬菜以及優質蛋白質，如畜肉、禽肉、魚肉和豆腐。

☐ 3.務必在飲食中納入健康的omega-3脂肪酸和單一不飽和脂肪，像是魚油、堅果、酪梨和橄欖。

☐ 4.在運動前、運動中、運動後攝取足夠的液體和吃對食物同樣重要。

☐ 5.適當的體重管理由健康的飲食、規律的運動、耐心以及實際的目標混合而成。

CHAPTER 9

常見的運動傷害
與復元方法

有些跑者進入重複受傷的循環,最後就認輸了。「我以前跑步,」你會聽到他們悲慘地說道,「但是我的[請自行填空]無法承受。」或許它是真的無法承受,但更可能的是這些跑者並沒有遵循正確的治療程序。如果你真的受到跑步傷害,就要明白你已超出自身的能力所及範圍;如果你的自我治療沒有收到相當快速的改善,就要尋求熟諳運動傷害的專業人員的協助。

運動傷害不止帶來痛苦，還相當令人喪氣。如果你在花了長時間鍛鍊耐力後受了傷無法跑步，你只能坐視你辛苦鍛鍊來的體適能成果慢慢消逝。如果跑步是你宣洩壓力的主要出口，你可能會感到特別沮喪和生氣，甚至可能會企圖用止痛藥減緩受傷的疼痛然後試著繼續跑步。然而被忽略的傷害往往會困擾你一生，此時正是牢記這個教訓的好時機。

雖然13週走跑訓練計畫旨在將你受到跑步相關傷害的機會降到最低，你仍然會因為意外、過度訓練或自身的生物力學缺陷而無法上場。為了維持身體健康，了解跑者容易受到哪些運動傷害，以及哪些治療方式能提供身體全面康復的最好機會是必要的。

運動傷害的種類

家醫科醫師，同時也是奧運獨木舟／輕艇（kayaking／canoeing）金牌和銅牌得主修・費雪（Hugh Fisher）表示，跑者應該留意的運動傷害有兩大主要類別。數年來費雪本身即經歷一連串的各種疼痛，他也見過許多病患帶著痛苦前來求診。

第一類運動傷害是急性的，它可能悄悄地在任何人身上發生。這類傷害通常是「外傷」，肇因於突然和猛烈的傷害，像是韌帶撕裂（扭傷）、撕裂傷（割傷）、肌肉拉傷（扭傷）或是骨折。外傷最好盡快由合格的運動醫學專科醫師處理，尤其當傷口流血、嚴重腫脹或疼痛持續超過一小時的時候。如果你發現它令你衰弱到無法走路或活動受傷部位，或你聽到任何不尋常的聲音，例如爆裂、斷裂或撕扯的聲音，此時你也應該盡速護理運動傷害。

跑者的外傷最常由跌倒引起，通常是被樹根、人行道

> **真　　相**
>
> 在 1 哩（1.61 公里）的跑步中，你的腳以高達體重四倍的力量（確切的力量強度取決於你的速度和步幅）觸地 800 到 1200 次（每公里 500 到 750 次）。

邊欄之類的東西絆倒。很遺憾地，最有趣的跑步場地往往也是引起大多數意外的罪魁禍首。越野跑步受到廣大的歡迎，但崎嶇的地形和鬆動的路面經常導致跑者跌倒。如果路面崎嶇不平，越野跑者必須留心腳下所踩的路面，並格外注意他們所穿的鞋子。不合腳或是支撐力不足的鞋子都會增加跑者跌倒的風險。

第二類到目前為止最常見的跑步相關運動傷害，就是累積性傷害（overuse），或是由過度訓練引起的慢性傷害。有時候慢性傷害可以追溯回拙劣的運動技巧，但這在跑得不夠快也不夠遠、尚不足以形成技巧相關問題的新手身上相當罕見（然而如果你想獲得更多關於這個可能性的資訊，請見第7章對跑步技巧的建議）。「累積性傷害通常出現在天生極度好勝的人身上，」費雪說。「他們天天鍛鍊，而且從不給身體休息的機會。常見的有肌肉和關節損傷，但也可能引起疾病，因為他們的身體狀況普遍衰弱。」

鹽湖城（Salt Lake City, Utah）的運動學醫師吉姆・麥金泰爾（Jim Macintyre）博士表示，許多累積性傷害若非來自未完全康復的舊傷，就是來自個人的解剖學變異在受到壓力的情況下所導致的傷害。這些變異可能包括扁平族、高足弓，或是膝蓋骨大小異常或異位。它們的結果是相同的：當動力鏈（kinetic chain）上出現弱環（weak link）——某個部位天生或因傷偏離正位（out of alignment）——身體便會補償這個弱點，好讓這個人能夠繼續活動，而這往往會導致另一個新的傷害。對麥金泰爾而言，當運動員因為身體某側的各個部位輪番受傷而上門求診時，就代表著嚴重的警訊——最初可能是右腳踝，然後是右膝蓋，接著或許是右髖部。

「想像一下，」麥金泰爾極力主張，「相對於雙邊膝蓋都疼痛的人，因為單邊膝蓋疼痛而前來求診的病患有多少？理論不斷地重複說著是鞋子的問題、缺乏柔軟度、拙劣的訓練方法、不當的跑步技巧等等。但通常人們雙腳穿的是同一雙鞋，而且雙腿跑的步伐數約略是相同的。那麼當你只有單膝疼痛，你如何能歸咎於鞋子？」

這並不代表運動傷害不會是不適當的鞋子、欠佳的柔軟度、錯誤的訓練方式或是低劣的技巧所造成的結果，但膝蓋、腳跟、腳踝和其他動力鏈中的敏感環節通常是受害者，而非罪魁禍首——傷害的源頭在其他地方。因此，麥金泰爾連同許多其他的醫師建議醫生應該檢查病患的全身——不只當他仰臥在診療室的治療台上的時候，還要在他處於運動狀態的時候。麥金泰爾希望看到他的病患在跑步機上走路甚至跑步，以便查看他們的整個身體如何運作以及哪裡可能是他們遇到的問題的源頭。「你必須去檢視整個動力鏈。你看他們的足部、髖部，以及骨盆。你觀察他們走路，也觀察他們跑步，」麥金泰爾說道。

追查運動傷害的源頭有點像是在玩偵探遊戲，麥金泰爾如此表示。「身為一個健康照護專家，你必須自問：為什麼他們會得到這種疼痛，而且為什麼是在這隻膝蓋而不是另一隻？答案很明顯，病患的步態一定有些本質上的失衡。一個可能性是他們在坡道上跑步。當其中一條腿伸長的同時，另一條腿被迫進入到縮短的姿勢，迫使足部過度內旋。而膝蓋變成整個動作中的受害者——身體其他部位引起步態異常的因素導致膝蓋承受不尋常的壓力。這也可能出於簡單的原因，像是足部運作失當、髖部肌肉緊繃，或是骶髂關節病變造成的骨盆異位。」

舉例來說，在一個骨骼排列正常（properly aligned）的身體上，膝蓋骨應該朝著行進的方向以直線平均地隨著足部移動。如果某個因素（如髖關節異位）導致你的膝蓋朝其他方向移動，你的膝蓋終將受傷。然而你將渾然不覺，直到夠大的損傷已經造成，使得膝蓋將疼痛信號傳送到你的大腦。更糟的是，如果你、你的醫生或是你的物理治療師沒有釐清造成傷害的根源，你的膝蓋將接受治療。而一旦情況好轉，你將重新開始跑步。然後猜猜看會發生什麼事？你的膝蓋會再度受傷。「在病人因為膝蓋疼痛前來求診時告訴他他的膝蓋出了問題這還不夠好。如果你試著要做的是鑑別症狀，那麼你會說『好了，你這

是髖股關節痛，』於是你拿出你的指導手冊，上面說『冰敷，吃消炎藥，以及做某某運動。』然而你治療的只是問題表現出來的症狀，而不是引起問題的根源。」

有時候疼痛會轉移到身體其他的部位，像是腳踝或是阿基里斯腱。為什麼會這樣呢？在治療期間你可能做了些運動去強化疼痛的膝蓋周邊的肌肉，給了它更好的能力去補償可能根源於髖部的毛病。於是這個缺陷接著轉移到動作鏈中下一個最脆弱的環節，然後又是下一個，如此繼續下去。

新傷也可能從尚未完全痊癒的舊傷而來。舉例來說，陳年的足踝扭傷可能導致一隻腳呈外旋（向外翻轉）而另一隻腳固定在內旋的姿勢。麥金泰爾表示，他見過數千人同時有內旋和外旋足，一開始他對

跑者筆記

海倫

當 49 歲的海倫正為了一個比賽嘗試增加她的跑步耐力時，她的舊冤家給了她一個驚喜。「我在練芭蕾的時候膝蓋脫臼，」這位現職辦公室主任的退休有氧舞蹈教練說，「當我試圖增加跑步的時間，我發現那對我實在是太大的負擔。」她脆弱的膝蓋在耗損殆盡之前只能承受有限的壓力，而她也產生了髖股關節痛（跑者膝）的毛病。

考量到傷勢的嚴重性，海倫停止跑步並向醫生求助。醫生的復健計畫讓她在一個月內重回跑場，但一次只能跑十分鐘。「他建議一個加強伸展和肌力的訓練計畫，而我也必須使用矯正鞋墊。他不斷地測試我的膝蓋以確保它能夠挺得住。」幾個月後海倫重新開始一口氣跑三十分鐘，然而還是繼續她的伸展和肌力訓練計畫，因為她的目標是跑完半程馬拉松。

這些人天生就是如此感到很奇怪。「但事實是，他們並非生來如此。腳踝曾經發生過某件事改變了踝關節的活動範圍或柔軟度，使得身體的排列直線（alignment）失去了平衡，而動力鏈的其他環節則開始產生代償作用。在開始跑步之前，這些人可能從來沒有注意到這樣的情況。他們身體的各個部位沒有遭受過強烈到足以造成損傷的壓力，但跑步所導致的連帶壓迫凸顯了這些固有的弱點。」

生物力學的缺陷不見得會表現出運動傷害的徵兆。每個人的身體都具備代償的能力，而有時候你的身體部位可能強壯到足以永遠勝任代償的工作。然而如果超出身體代償的能力範圍，運動傷害就會找上門來。

不幸的是，有些跑者進入重複受傷的循環，最後就認輸了。「我以前跑步，」你會聽到他們悲慘地說道，「但是我的[請自行填空]無法承受。」或許它是真的無法承受，但更可能的是這些跑者並沒有遵循正確的治療程序。如果你真的受到跑步傷害，就要明白你已超出自身的能力所及範圍；如果你的自我治療沒有收到相當快速的改善，就要尋求熟諳運動傷害的專業人員的協助。運動醫學不是一門像心臟學或神經學那樣嚴謹的學科，然而有愈來愈多的醫生開始專注在研究運動傷害上。這些醫生包括骨外科醫師、家醫科醫師（像是修・費雪）以及運動醫學專科醫師（像是吉姆・麥金泰爾）。其他可能關注運動傷害的醫生包括足科醫師、脊骨神經科醫師（chiropractor）、物理治療師、運動治療師、運動訓練師（athletic trainers），以及按摩治療師。你需要一個會檢查你的整個動力鏈的人、一個能夠評估在活動中的身體狀況的人，而不是一個只會腳痛醫腳的人。

如果你被告知讓患部休息，等到疼痛消失即可，那麼你可能需要尋求第二意見。如果引起疼痛的原因沒有被治癒，疼痛可能會在你再度開始跑步的時候復發。經驗豐富的運動醫學專科醫師可以做出診斷並開立治療方案，這可能包含替代運動（alternative activities）以及訓練肌力和柔軟度的計畫。總而言之，你可能會覺得運動醫學在治療計

畫上比傳統醫學來得「積極」。

跑者的急救

如果你受了傷，你應該尋求醫療照護。然而在等待救援的同時，你可以開始進行RICE。RICE這個縮寫代表的是**休息（Rest）**、**冰敷（Ice）**、**壓迫（Compression）**和**抬高（Elevation）**。這是一套標準程序，每個人都照著做，因為它確實有效。

RICE經常搭配消炎藥一起使用，像是乙醯水楊酸／ASA（阿斯匹靈）或異丁苯丙酸（Advil或Motrin）。這些藥可以緩解腫脹，但不該被賴以掩飾疼痛，任憑你草率地處理受到的傷害。還有記住ASA和異丁苯丙酸可能會傷胃，所以請將它們和食物一起服用。注意，雖然乙醯氨基酚（Tylenol）對胃的刺激較小而且是有效的止痛劑，但它不是消炎藥也無法緩解腫脹。

休息

需要休息的理由很直接：如果你損傷了某個部位，再對它施加更多壓力只會讓情況變得更糟。然而休息並不代表你必須花上三週的時間窩在沙發上看電視直到康復。醫生很少會建議你完全不動，除非是受到嚴重外傷的情況，而即便如此醫生也會盡量試著讓你早點起身活動。

活動患部是很重要的，因為這可以促進血液流到受傷的軟組織。事實上，任何促進血液流動的事情都會加速痊癒，因此許多物理治療師會使用超音波和類似的刺激技巧。然而除非你去妨礙它，否則在多數的情況下身體本身的自癒力會對受損的軟組織進行再造與修復。

運動醫學專科醫師經常會建議某些可以搭配RICE施行的運動。這些運動的目的通常在於強化患部附近的肌肉以幫助身體進行代償作用。透過強化身體重要部位（例如膝蓋）周邊的肌肉，你可以使這個部位獲得支撐並且讓它更容易勝任它的工作。運動的目的也可以是增

加柔軟度並促進血液循環，從而加速自然治癒過程。所以請確實做運動；它們會幫助你更容易承受重新開始運動所造成的壓力，因為你會變得比當初受傷的時候更強壯且柔軟度也會變得更好。

冰敷

當你受傷的時候，無疑地你會注意到隨之發生的腫脹。這樣的腫脹其實是痊癒過程的一部分。然而即使如此——這聽起來可能有點矛盾——過分的腫脹卻會延遲痊癒的時間。冰敷會在患部周圍的局部血管導致所謂的血管收縮，如此可以限制出血因而減少患部的腫脹。

透過減緩腫脹，冰敷得以縮短恢復時間，因此能愈快冰敷愈好。很顯然地，你在跑步的時候不會隨時有冰塊可以使用，然而在緊急情況下，冷水能幫上大忙。如果情況危急，可以使用水瓶裡的水浸濕你的T恤並包裹患部。如果可能，將患部浸在冷水中，直到你可以找到一些冰塊來妥善地冰敷它為止。

當你進行冰敷的時候，一次持續大約20分鐘，每次冰敷間隔至少一小時。在最初的24到72小時之間重複這樣的程序愈多次愈好。將冰塊裝在塑膠袋裡是可行的，但將軟性冰敷袋放進冷凍庫裡顯然更有效率，而且是更簡便的作法。軟性冰敷袋在接觸發炎的皮膚和關節之後往往很快就會退冰，但如果你有好幾個，你只需要輪流使用它們便可。在敏感的神經（如脊椎或是膝蓋後方）或重要器官（如眼睛和心臟）附近冰敷的時候要特別小心。

另外，不要犯下冰敷後接著泡熱水澡的錯誤，這會使血管擴張並加劇患部的腫脹。

壓迫

以彈性繃帶包紮患部有助於減輕腫脹、疼痛與瘀青並能加速痊癒過程，尤其是結合冰敷與抬高的時候效果更為顯著。如果你正自行以彈性繃帶照護患部，你所施加的壓力不宜過大。加壓繃帶使用的時間以不超過三小時為宜，除非你遵照的是合格專業人員的建議，而且永遠不應該隔夜使用。

抬高

抬高有兩個目的。如果你的足部或其他受傷的身體部位被抬高，你就沒辦法用它到處走動或跑步。（請見第147頁的〈休息〉）然而更重要的是，至少在短期內，當你的傷肢高於心臟部位，匯集到患部的血液就會比較少，因此可以減少腫脹。如同冰敷，抬高也是能愈快進行愈好。

常見的運動傷害

藉由遵照本書的13週走跑訓練計畫，利用充足的時間做暖身和緩和運動、注意路況並投資適當的跑鞋，還有給身體正確的飲食與適時補充水分，你所做的這些其實已經對預防運動傷害有很大的幫助。然而，基於預防勝於治療的論點，下面列舉最容易受到跑步傷害的身體部位（這份清單由提姆・諾可斯博士提供，由最常見到最不常見的受傷部位依序排列。）：

1. 附著在骨骼上的韌帶和肌腱。

2. 骨骼。

3. 肌肉。

4. 肌腱。

5. **滑囊**（在肌腱和骨骼之間充滿液體的囊袋，功能是讓肌腱通過骨頭的部位可以自由活動）。

6. **血管**（包括動脈和靜脈）。

7. **神經**。

在各種運動傷害的可能性中，有六七種是運動醫學專科醫師看診時最常面對的，茲摘要如下以供參考。

髖股關節症候群（Patello-femoral syndrome）

又稱為**跑者膝**（跑步大師兼作家喬治・許翰〔George Sheehan〕博士在1970年代所創造的詞）。髖股關節症候群的特徵是它有一些非常特定的症狀，包括：

- **膝蓋骨附近非由外傷引起的局部疼痛。**
- **日益嚴重的膝蓋疼痛，而且經常在跑了一定的距離之後表現出來。**
- **當膝蓋彎曲並靜止一段時間之後產生的疼痛，例如坐在電影院的時候。**

跑者膝是一個大問題，而且大約占運動醫學診所病患的四分之一。它是一個典型的累積性傷害，好發於膝蓋骨的內緣或外緣。諾可斯表示，引起跑者膝最常見的原因就是足踝過度內旋（足部向內翻轉）。病人的足部本身可能有缺陷，或它可能是代償其他部位的異常。無論如何，過度內旋會在膝蓋上造成一股扭力，將膝蓋骨拉出它的正位。這樣的拉扯如果持續夠久，下次你去電影院的時候恐怕得找個夠大的位置才有辦法讓你冰敷著看完整場電影了。

跑者膝的短期治療包括RICE，但唯有矯正引起症狀的內在生物力學問題才是長遠的治本之道。有些醫生可能會建議你動手術；我們奉勸你尋求第二意見，看看其他醫生是否也建議你採用這樣的治療方式。

一個矯正過度內旋的方法是用你的鞋子防止足部扭曲。有時候支撐性較高或特殊成形的鞋子可以發揮效用；有些人則需要矯正鞋墊

（客製的足部支撐物）提供進一步的協助。對矯正來說，這類鞋墊扮演一個重要的角色，應該由訓練有素的專家囑咐使用與製作。關於這個選項你可以請教你的醫師或足科醫師。

髂脛束摩擦症候群（Iliotibial band syndrome）

跑者膝不是唯一會侵襲膝蓋的運動傷害。髂脛束是一條從髖部向下延伸到腿部外側最後嵌入膝蓋下方的脛骨（tibia）外側的結締組織。當膝蓋反覆地彎曲和伸直，加上本身生物力學上的缺陷，可能會導致髂脛束前後摩擦膝蓋外側名為股骨髁（femoral condyle）的突起而引起發炎。如果這樣的情況已經發生，你可以找個權威人士聊聊膝蓋中彈是怎麼樣的感覺——這樣的傷害會帶來強烈的痛楚。一般而言，在經過休息之後疼痛可能會消失。但在運動期間，當你的動作引起髂脛束摩擦股骨髁的時候，劇烈的疼痛會再度殘酷地襲來。

劣質的跑鞋、堅硬的路面以及錯誤的訓練方式都被列為引起髂脛束摩擦症候群的可能原因，然而麥金泰爾聲稱其往往屬於代償性傷害（compensatory injury）。諾可斯同意他的說法，並發現大約70%的病患的生物力學結構無法適當地吸收衝擊力。這些結構包括O型腿（bowlegs）、高足弓以及硬化性扁平足（rigid feet）。

RICE是良好的局部療法，但長期治療應該包括穿著避震功能更佳的較軟跑鞋。避免在堅硬的路面、拱起的馬路或斜坡上跑步，不論上下坡都一樣。適當的暖身和伸展運動計畫對預防（或復元）髂脛束摩擦症候群相當重要，而且你可能會需要逐漸調整你的例行訓練。

如果這個症狀突然發生，問問自己是否正在從事某件

> **真　　相**
>
> 跑步藉由增強肌肉張力、提高骨質密度以及增加關節液（潤滑劑）來強化關節。

以前沒有做過的事。你是否改變跑步路線？你的跑鞋是不是新買的？
如果是的話，暫時回到舊的方法一陣子，看看是不是有所差別。

足底筋膜炎（plantar fasciitis）

足底筋膜炎較不似髂脛束摩擦症候群與跑者膝般常見，但它會在患者的足部造成疼痛。患者通常會抱怨感覺足部好像受了傷，一壓就會痛。

事實上，腳跟本身不是問題所在。足底筋膜是分布在腳跟到腳掌的一片結締組織，問題可能會發生在附著在腳跟的地方。足底筋膜炎患者在跑步時以及在早上下床時都有困難。你會發現他們僵硬地行走，因為當他們將全身的重量放在足部時，足弓會伸展開來並導致疼痛。

跑者筆記

文斯

50 歲的文斯是一名作家，他一輩子沉迷於運動，但他的耐力有待提升。跑步似乎是提升他的心血管健康的完美辦法；他認為跑步可以讓他成為更好的網球選手並幫助他跟上他的對手。漸漸地，跑步成為他主要的運動。「我開始享受跑步。我喜歡跑步能讓我依照自己的步調進行，而且不用擔心沒有適當的設備或是對手等等。」

然後文斯的雙腳開始有刺痛的現象，經過診斷的結果是應力性骨折。文斯並沒有靠著服用止痛藥繼續跑步，而是改變他的訓練計畫使雙腳得以休息。「我休息了一段時間，轉而騎了一陣子的單車並開始進行伸展計畫。」他避免在水泥路面上跑步，而是選擇路面較軟的跑道和公園的小徑。結果文斯現在又重新開始一週跑步三次，每次一口氣跑上 **40** 分鐘了。

足底筋膜炎的肇因被認為和跑者膝相同，即過度內旋。高足弓者往往也較容易患有足底筋膜炎。至今研究顯示太硬的鞋子能使症狀加劇，突然增加的訓練頻率或強度亦然。足底筋膜炎是一個典型的累積性傷害。如果你患有這個症狀，表示你的訓練可能進展得太快。雖然本書的13週訓練計畫訂定了避免受傷的速度，對某些人來說可能還是太快。如果你在遵循這套計畫的時候得到足底筋膜炎，你可能就是上述的那類人。如果是這樣的話，你需要放緩步調並採取更循序漸進的作法。

足底筋膜炎的治療包括RICE。仔細思考你要穿什麼樣的鞋；不妨試試較軟的鞋，或者考慮使用矯正鞋墊。另外，試著跑在較軟的路面上。強化肌力和做伸展也會有所幫助。還有別忘了鍛鍊你的股四頭肌（位於大腿前方的大肌肉群）、小腿肌肉以及足部的小肌肉群。

阿基里斯肌腱炎（Achilles tendinitis）

阿基里斯腱之名來自一個被公認天下無敵的古希臘英雄。在他出生之後，他的母親將他浸到神水中，使他的皮膚從此刀槍不入。問題是，她抓著他的腳跟進行這項洗禮，因此他身上的這個部位並沒有受到神水的庇蔭。阿基里斯在特洛依之役（Trojan）落敗，當時一個敵人用矛切斷了他身上那從小腿肌肉延伸到腳跟、看似不重要的肌腱。自從詩人荷馬使阿基里斯名垂千古之後，這個故事就使阿基里斯的肌腱成為一個看似堅不可摧的系統中脆弱環節的象徵。事實證明，要失去行動能力毋需割斷這條肌腱：只要一點點的炎症反應——即阿基里斯肌腱炎——就能達到效果。

阿基里斯腱的損傷可以在短時間內迅速發生，就像發生在我們的希臘英雄身上的例子一樣（或經過時代的推移，就像現今發生在跑者身上的例子一樣）。患者起初會注意到針刺感或是灼熱感，隨之而來的是劇烈刺痛，尤其在他們改變方向或上坡跑的時候特別明顯。時間一久，肌肉的膠原蛋白纖維可能會分解，而後果將不堪設想——肌腱可能會斷裂。如同你所能想像的，這會帶來極大的痛苦。

阿基里斯腱在其周圍的血流供應不足時特別容易受傷。加上過度內旋往往產生鞭打動作（whipping action），造成的結果就是肌腱炎。其他肇因還包括鞋子對肌腱部位的持續摩擦、暖身不足、鞋子品質不良或不合腳、外傷以及某種跟骨畸形。

治療方法包括RICE，以及嘗試更能控制足部動作的穩定型跑鞋。矯正鞋墊可能會有幫助，因為它可以提升你的雙腳、小腿和脛骨的柔軟度與肌力。如果你有這樣的不適請務必告知醫生，否則阿基里斯肌腱炎可能後患無窮。

脛骨應力症候群（Tibial stress syndrome）

脛骨應力症候群有時候會被誤稱為脛前疼痛（shin splints），它是因為脛骨的肌肉附著處發生微小的撕裂傷所引起。它可在以下三個位置的任一處發生：位於脛骨（tibial，小腿內側的粗大骨頭）前側的脛前肌（anterior）、位於脛骨後側的脛後肌（posterior），或是沿著腓骨（fubia，小腿外側的細小骨頭）外側的腓長肌（laterally）。專家就這些傷害提出了許多解釋，包括肌肉的緊繃，而傳統上一般採用外科手術治療。今天，研究者將問題歸咎於過度內旋，或是跑步重複施加壓力的過程對骨頭造成的過量衝擊力。足踝的柔軟度不足（或許來自舊傷？）也可能是原因之一。

治療方法包括RICE、減少跑步的運動量一段時間（傾聽你的身體，持續一到兩週應已足夠）、使用矯正鞋墊、伸展以及強化小腿肌肉。在跑步的時候避免步幅過大，並確保你的跑鞋能提供良好的支撐與緩衝。

應力性骨折

應力性骨折是由於反覆施加的壓力或衝擊，造成骨骼出現細微、不完全的破損或裂縫。當然骨骼會自我修復，然而如果它們再生的速度追不上創傷形成的速度，就有機會惡化成應力性骨折。人身上的任

何部位都可能發生應力性骨折，但對跑者而言，應力性骨折好發於脛骨和足部。而且並非只有細小的骨頭才會發生應力性骨折，髖關節的應力性骨折也時有所聞。

雖然反覆的衝擊是造成應力性骨折最常見的原因，但如果身體缺乏進行骨骼生成所需的營養元素也可能埋下禍因。（請見第8章〈爲你的身體加油〉）X光通常無法顯示應力性骨折的存在，除非骨骼已經進入癒合階段。你的醫生可能會安排骨骼掃描來幫助診斷，但理學檢查通常就已足夠。應力性骨折的重要跡象是可被精確定位的劇烈疼痛。

治療方法包括RICE以及停止進行引起傷害的運動，直到傷口完全癒合，允許你重拾那項運動爲止。打石膏幾乎從來不是建議的治療方式，然而根據骨折的部位和嚴重性，固定患部位置（使用拐杖）亦可以是一種選擇。如果未及早進行妥善的治療，應力性骨折可能帶來嚴重的後果。在它們初期出現徵兆的時候就妥善進行處理，如此你會較快重回跑場。爲了預防應力性骨折，請避免在堅硬的路面上跑步，並確保你的腳上穿著合適的跑鞋。

延遲性肌肉痠痛（delayed onset muscle soreness，簡稱 DOMS）

如果你嘗試一項新的運動，或是在休息一段時間之後重新開始做運動，在運動過後感到僵硬和痠痛是相當普遍的現象。「延遲性肌肉痠痛，或是DOMS，」吉姆・麥金泰爾博士解釋道，「是由於從事不習慣的運動，導致細小的血管產生微創傷所引起。這樣的血管創傷會引起組織液滲出，聚積在細胞外。」這類的痠痛意味著你試圖在太短的時間內做太多的運動。溫和地做運動，直到痠痛和腫脹消失，然後伸展、冷卻受傷的肌肉，並抬高你的腿。

重回跑場

並非每個跑步的人都會患上運動傷害，如果你受了傷，也不見得

就要停止訓練直到完全康復的那一天。如果你的醫生不反對，你在受傷期間仍然能夠從事多種低衝擊性的有氧運動，而且它們也有助維持你的身材。這類運動包括划船、游泳、水中跑步、騎單車、越野滑雪甚至健走。如果你妥善地照料你所受的傷，大多數的傷勢會在三到四週之間痊癒（應力性骨折需要較長的時間），而你將可以重回往常的規律作息。

但別太快重拾跑步的習慣；你需要按部就班重新開始。如果你在訓練計畫進行到一半時退出，而你至今已經休息了一段時間，那麼請你考慮從頭開始進行訓練。回到原點聽起來或許不是太令人愉快，但要知道菁英跑者在傷後復出時也經常使用類似13週走跑訓練計畫的方案來進行鍛鍊。施行的通則是每週切勿增加超過10%的運動量（時間或距離）。遵照醫生的指示，並在重啓跑步計畫前牢記下列注意事項：

- 確保在你受傷的部位有無痛的關節活動範圍。
- 檢查身體受傷的一側在肌力、耐力、協調度以及活動速度等方面是否相當於未受傷的另一側，或至少確認它和受傷前的表現相當。
- 確保你在心理上已經準備好重回跑場，並且要有不會再度受傷的信心。
- 切記，本章所討論的運動傷害只是跑者最容易面對的少數幾種，還有一些其他的運動傷害並未被提及。務必留意出現在你身上的各種疼痛，如果有任何疑慮，請尋求合格運動醫學專科醫師的建議。擁有良好體態是件好事，但爲了追求這個目標而受傷就不好了。

運動傷害的心理效應

到目前爲止，我們的注意力都專注在傷害復元的生理層面。直至最近，運動醫學中的許多焦點已經關注到運動員重拾跑步的心理準備度。然而，使你無法繼續跑步的傷害也可能來自會破壞你身心健康的情緒化感受。愈來愈多的醫生體認到，幫助跑者和有運動習慣的人處

理運動傷害所造成的心理效應相當重要。他們明白若沒有認知並治療運動傷害的心理層面，他們處理的只是問題的一部分。

每個人對運動傷害的反應和後續處理的作法不盡相同。根據運動心理學家大衛‧考克斯的意見，任何有跑步習慣或維持規律運動的人在受傷後會經歷一段無法盡情發揮，而且可能相當冗長的調整期。許多心理學家認為這個調整期包含下列五個階段：否認與孤離、憤怒、妥協、消沉，以及接受。誠如考克斯博士所提到的，「這個模式有助於預料跑者受傷後的心理反應。」

在受傷期間繼續運動

由於種種原因（其中有一些在前面已經解釋過），在受傷期間維持運動的習慣相當重要。一個方法是透過交叉訓練，它是在受傷期間維持肌力和心臟功能一個很好的方法。交叉訓練也有助於克服傷後常見的憂鬱症狀。

對於所有曾經被迫中斷跑步的人，或是身邊有人曾經面臨過這種情況的人而言，因傷退出總是充滿了挫折感。但這是可以改善的。傷後的恢復期可以做為一個嘗試新運動並加強你可能疏於鍛鍊的身體部位的大好機會。如果你在養傷期間進行交叉訓練，你也可能會較有耐心，而且能夠採取更漸進的方法重新開始跑步。因為你對體適能的下降或體重的增加感到焦慮，太早重回跑場或跑得太快經常會導致再次受傷。

水中跑步

除了游泳、騎單車和健走之外，何不試試水中跑步？水中跑步可能不是最刺激的運動，但它卻是在養傷期間維

給受傷跑者的復元要訣：
1. 與照護者建立良好的關係。
2. 教導自己運動傷害的性質以及預期的恢復歷程。
3. 發展一套康復計畫。
4. 學習有用的心理技巧，如設定目標、放鬆心情、正面的自我對話以及運用想像力。
5. 做好準備，面對復元過程中可能遭遇的挫折和意料外的發展。

持良好體態的絕佳方法。此外它也是一個安全而且有效的健身方法，讓你除了可以在時間表上加入額外的跑步訓練，還能避免增加的跑步時間和強度經常引起的累積性傷害。

水中跑步的要訣：

水中跑步旨在培養正確的跑步技巧——利用手臂和大腿的快速動作使你保持漂浮在水面上，並從泳池的一側移動到另一側。它既不是要你比賽跑到另一端，也不是要你在水中散步。當你培養水中跑步技巧的時候：

- 試著模仿陸上跑步的步態。
- 避免雙腿進行單車運動——向前（而不是向上）伸展你的股四頭肌，並專心用力在水中向後拉起腿後筋肌。
- 保持上半身挺直的姿勢並避免身體過度前傾。
- 將頭部舒服地保持在水面上。
- 避免變成狗爬式；肩膀保持放鬆，手臂在水中前後擺動。
- 在前方用指尖、在後方用手肘露出水面……強力的手臂動作非常有用。
- 專心將手肘保持收合在身體兩側（以避免橫向運動）。

在重大傷病後重新開始跑步

如果你想在經歷重大傷病（如心臟病、髖關節置換手術或癌症）後重回跑場，你必須在你的健康照護提供者的指示下進行。即使你在生病前有規律運動的習慣，聽從醫生的建議仍然是相當重要的。

許多人會想要知道在經歷重大傷病後，他們是否——以及如何——能夠重新開始跑步。以下列出一些常見的跑步相關問題，由運動醫學專家傑克・陶頓（Jack Taunton）博士解答。

問：受傷後我可以重新開始跑步嗎？

答：對於正從重大傷病（如髖關節置換手術）中復元的人，或是飽受

膝蓋痠痛所苦的人而言，跑步可能不是適合在傷後重新開始的運動。相較之下，健走、游泳或是騎單車可能是更好的選擇。

問：我經常膝蓋痠痛，即使我穿著適當的鞋而且使用訂做的矯正鞋墊也一樣。我是否可以再度展開跑步計畫，或者我應該嘗試其他的運動？

答：在放棄跑步之前，試試用速蹲（drop squats）鍛鍊你的股四頭肌強度，然後透過 SportMedBC 的走跑訓練計畫按部就班地進行鍛鍊。

問：我最近經歷了髖關節置換手術。我還有機會重拾規律

跑者筆記

琳

琳是加拿大前奧運選手與 1984 年洛杉磯奧運的 3000 公尺長跑銅牌得主。這些年以來，琳克服過髂脛束摩擦症候群以及數不清的應力性骨折。在洛杉磯奧運來臨前，琳再度被應力性骨折擊垮而無法跑步。

「在之前的養傷期間，我用游泳和騎單車進行交叉訓練來維持體適能水平。在這些運動賦予我良好有氧適能的同時，我得以鍛鍊有別於跑步所使用的肌肉。所以當有人建議我嘗試水中跑步時，我對此抱持開放的態度。」

琳以參加奧運為目標，因此她決心要讓她的新訓練方案奏效。數週過後，她養成了輕鬆而且有效的訓練技巧。在重回陸上跑步之前，琳進行了為期八週完全在水中的跑步訓練。在結束水中跑步訓練四週後，她在 3000 公尺的比賽跑出個人最佳成績並創下加拿大的新紀錄。琳將她的復元歸功於水中跑步。

的例行跑步嗎？

答：不，如果你想要你的髖關節持續使用久一點的話。對你而言重要的是嘗試其他的運動，如騎單車或游泳。

問：**我深受關節炎（arthritis）所苦，在這樣的情況下我可以跑步嗎？**

答：這取決於關節炎發生的部位。如果它發生在髖關節、膝蓋或腳踝，不妨先強化你的肌力，然後騎單車、游泳，最後隨著發炎的情況受到控制，再嘗試 SportMedBC 的走跑訓練計畫。

檢查表提案

☐ 1.堅持你的訓練時間表：不要試圖想要跳過進度，尤其是在訓練計畫開始的最初幾週。

☐ 2.傾聽你的身體：如果你感到疼痛，請停止訓練並尋求醫師的建議。

☐ 3.即時照護運動傷害：使用RICE療法，如果傷勢看似嚴重或疼痛持續，務必尋求醫生的建議。

☐ 4.當你受了傷或生病，請修正你的訓練計畫。切勿輕忽受傷或疾病並試圖繼續跑步。然而可以在受傷期間透過交叉訓練、游泳、水中跑步或騎單車繼續運動；它們可以減輕腿部承受的壓力並幫助你維持良好的體適能。

☐ 5.避免劣質跑鞋、堅硬或崎嶇的路面以及錯誤的訓練方式，這些都是最容易導致常見跑步傷害的原因。

CHAPTER **10**

為10公里路跑賽
做準備

在比賽前一週，你的焦點將會是在心理上及實質上為比賽日
做好準備。你在最後一週的訓練量將隨著比賽日的接近而逐
漸減少，而你在上場前的最後幾天也將得到一些休息的機
會。在最後關頭加緊練習不會讓你變得更強健。試著在最後
這一週獲得充足的睡眠。

你的體適能水平已經達到新的高峰，而你已經成為一個始終如一、專心致志的跑者，現在是開始計畫你的第一場10公里路跑賽的時候了。參加路跑賽是一個充滿刺激且令人興奮的經驗。成千上萬像你一樣在馬路、小徑和跑道上進行訓練的跑步同好都力求跑完10公里的路程。

最重要的待辦事項就是安排你的鍛鍊時程，讓13週走跑訓練計畫的結束剛好可以銜接上比賽日。作法是將比賽日做為你在第13週的最後一個訓練項目，然後回推決定你需要在何時展開訓練。

35歲，自認是「業餘高手」跑者的布魯斯・安格斯（Bruce Angus）20年來的大半時間一直斷斷續續在參加路跑活動。在多年嘗試錯誤、經歷好壞不同的結果後，他學到了許多關於準備路跑活動的奧義。「你需要做的第一件事，就是確保你在比賽日前完成所有的訓練項目，」他咯咯地笑著說。（別笑。你會感到驚訝的是，有許多跑者認為他們可以漫不經心——或一鼓作氣——在比賽前訓練個一到兩週就上場。）

在比賽前，安格斯就像是一名賽車手——他喜歡視察跑道，感受一下他將要跑步的環境。「我喜歡在比賽前在跑道上開車、騎單車甚至跑步。如果你勘查過整個場地，你會對比賽路線經過的地形地貌有清楚的了解，然後你就可以想像自己穿梭其中，並且知道要在哪裡超越對手。知道路面的狀況也會有所幫助，不管它是草地、碎石路或是人行道；路面的種類和比賽的路程決定你要選擇的跑鞋類型。」

比賽前的準備工作

在開始進行13週走跑訓練計畫之前，先確認你要參加哪一場10公里路跑賽，並根據比賽日期訂定訓練時程。你

通常可以在地方上的跑步用品專賣店、活動中心、健身俱樂部以及網路上取得參賽表格。提早報名一個額外的好處是報名費往往會隨著比賽日的接近而顯著增加，而且某些大型賽事並不接受現場報名。

在比賽前一週，你的焦點將會是在心理上及實質上為比賽日做好準備。你在最後一週的訓練量要隨著比賽日的接近而逐漸減少，而你在上場前的最後幾天也要得到一些休息的機會。**在最後關頭加緊練習不會讓你變得更強健。**試著在最後這一週獲得充足的睡眠。在比賽前一晚你可能會因為緊張而沒有得到足夠的休息。如果你設法在比賽當週提早開始養成良好的睡眠習慣，這個問題就能輕鬆地被克服。

在整個訓練期間攝取均衡的飲食，尤其是最後一週。日常飲食終究比賽前餐更重要，因此在比賽前幾週就開始攝取適當的食物會對你有所幫助。賽前餐無法彌補訓練期間的不當飲食，因為其能量無法及時到達肌肉來幫助你提升運動表現（除非是三小時以上的耐力賽）。真正會產生影響的是水分的補充，因此在賽前一到兩天避免攝取酒精。如果你還是喝了酒，務必也要攝取大量的水。在賽前適時補充身體水分極為重要。

事先探索比賽場地可以幫你做好心理準備。檢視比賽路線圖，或者更好的辦法是在比賽日之前花點時間以步行、開車或騎單車等方式勘查路線。不要受到誘惑想在比賽前跑完或走完整個路線；將最好的精力保留到比賽這個大日子。

最後，在賽前籌備的那幾天領取你的選手包（race package）。選手包內含你的號碼布，如果比賽使用的是自動化計時系統則會有計時晶片（timing chip），或許還會有一些各家贊助商提供的好物。領取你的選手包並沉浸在比賽的氛圍可以做為一個點燃你對比賽的熱情的好辦法。

賽前檢查表

- 充分休息，尤其是在賽前最後的 72 小時。
- 規劃健康的日常飲食並適時補充水分。
- 領取你的選手包。
- 檢視比賽路線圖（或在前一天開車巡視實際路線）以了解洗手間、醫療站（medical tent）以及加水站的位置。

賽前一天的準備工作

試著在賽前一天盡可能地得到充分的休息，如此你才不會耗費掉大量的精力。但在事前稍加規劃可以減緩你在比賽當日的焦慮感。

查詢氣象預報並規劃你要穿的服裝：注意不要穿太多。將你的跑步服裝和跑鞋一字排開以便挑選。為了在一開始的時候保暖，不妨規劃穿件一旦上場就可以丟棄的舊運動衫或是垃圾袋。確保你的跑鞋是一雙好穿的舊鞋。**你能犯的最大錯誤就是穿著一雙新鞋參加比賽。**

除了擺出你預計要穿的衣服和鞋子，你也可以拿一個包包裝進比賽日的必備品（例如一套換洗的衣服、襪子與一雙舒適的跑鞋、毛巾、水瓶、防曬乳以及小點心）與任何其他你認為賽後馬上會需要用到的東西。事先調查比賽現場是否設有置物處（gear check）；如果有，就把這些物品集中放到一個你可以輕易辨識的包包裡。你可能也需要帶一些衛生紙，因為賽前到現場上廁所經常會遇到沒有衛生紙的狀況。

將你的號碼布別在跑步衣上。如果你有任何醫療方面的問題，像是氣喘、過敏、糖尿病、高血壓或其他心血管或健康問題，一個妥善的作法是**在號碼布後面記下簡短的病史並列出任何你慣用的藥物。**這是醫護人員在任何緊急事件中第一個會檢查的地方。如果你的比賽使用計時晶片，請依照指示用主辦單位提供的束線帶（zip tie）將它繫在你的鞋子上，並確認它是牢固的而且不會到處晃動。

一旦你張羅好你的服裝，接下來就是規劃和家人朋友會合的地點。大型路跑活動通常有成千上萬名跑者參加，因此終點區可能會相

當擁擠。選定一個在你跑完比賽後每個人都找得到的碰面地點。

最後，決定你在比賽前要吃些什麼。大多數的跑者往往忠於他們熟悉且喜愛的食物。**麵食是比賽前一晚的理想餐食，因為它富含碳水化合物而且容易消化。**你也將需要考慮你在比賽當天一大早的飲食。用餐的時機很重要。如果你能在比賽開始兩個小時或更久之前用餐，不妨吃一小份低脂並含有少量蛋白質的高碳水化合物餐點來維持能量。一些可能的選項包括：

- 低脂優格搭配低脂燕麥和葡萄乾。
- 全麥貝果搭配花生醬和蜂蜜。
- 健康、即食的冷穀片粥搭配低脂牛奶或豆漿。
- 燕麥片搭配脂肪含量 1% 的牛奶和一些水果。

如果你在賽前只有大約一小時的空檔，就攝取流質飲食，像是水果優格奶昔或代餐飲品。運動能量棒可以做為

訣竅

檢查你的腳趾甲並修剪過長的部分。保持整齊且不過長的腳趾甲可以防止它們觸碰到跑鞋前端，避免指甲流血或瘀青。

跑者筆記

賽百斯汀

過去十年來賽百斯汀一直有在參加 10 公里路跑賽。這名 25 歲、精力充沛的運動治療師十分重視培養良好的賽前作息。「比賽當天我會起個大早，喝杯奶昔然後看報紙上的體育版來放鬆。在我剛開始參加路跑賽的時候，我在早上有太多緊張焦慮的情緒。」以往賽百斯汀會出現在起跑線渴望出發。接著哨音響起，他會躍過起跑門，但在跑了幾公里後敗下陣來。「現在我確保自己悠閒地迎接比賽當天；我會在早上花一些『自己專屬的時間』來放鬆心情。」

替代品，但務必選擇能供應至少1盎司（30公克）碳水化合物以及少於0.28盎司（8公克）蛋白質的種類。

賽前一天檢查表

- 在比賽前一晚準備一個包包裝進你的比賽服裝以及一套換洗衣物。
- 在號碼布的背面列出任何慣用藥物或過敏症，然後將它別在衣服上。如果你參加的比賽使用計時晶片，記得將它繫在你的跑鞋上。
- 在比賽前一晚攝取富含碳水化合物的一餐，如麵食，然後在比賽前再吃一小份高碳水化合物餐點。
- 多喝水並在比賽前一天隨時補充水分。你需要保持身體水分的充足。
- 再次確認比賽開始的時間和地點，並且再看最後一眼地圖上的比賽路線。
- 選定比賽後和家人朋友碰面的地點。

在比賽前一晚將下列物品收進你的包包：

- 跑鞋（與多準備的鞋帶），如果大會有提供計時晶片，記得繫上。
- 跑步服裝，包括用安全別針別好的號碼布。
- 毛巾和衛生紙。
- 防曬乳。
- 水瓶。
- 比賽資訊。
- 現金。

比賽當天

在比賽當天，你可能會感到興奮和緊張。留意比賽開始的時間，並至少提前一個小時抵達現場。務必預留充足的時間停車、上廁所（它們將會擁擠不堪）與前往起跑線。

一開始花點時間妥善地進行暖身（大約在比賽開始前20分鐘）。即使你想要為比賽保留體力，省略暖身的步驟不是個好主意。為了保持你的心律，不妨四處活動身體或是在原地慢跑直到起跑的槍聲響起。在等待的時候，**務必在起跑前10到15分鐘喝1到2杯的水**。此外，對咖啡要有所節制。你將需要避免攝取可能會讓胃不舒服的食物和飲料。

在大部分的比賽中，參賽者會根據他們計畫完成比賽的速度排隊。所以請空出第一排，因為這通常保留給最菁英的跑者。記得你的目標是完成比賽，而且你不需要在一開始時用超出能力範圍的速度橫掃全場。有些比賽會根據跑者預定完賽的時間安排配速員（pacer）；不妨找尋現場是否有人身上有這一類的標示。如果你有設定完成比賽的目標時間，那麼跟著這些人跑就對了。

如果天候不佳，試著盡可能讓自己保持在溫暖與乾爽的狀態。如果你擔心在等待比賽開始的時候受涼，就套上那件你帶來預備要丟棄的T恤或運動衣直到比賽開始。許多主辦單位會收集被丟棄的衣服並將它們捐給當地的慈善團體。另一個辦法是在一個舊垃圾袋上撕開給頭和手臂通過的洞然後將它穿在身上。

槍響之後

剛開始的時候要有耐心，因為你可能需要一些時間越過起跑線。如果你在意確切的跑步時間，不妨用你自己的運動錶計時。如果大會使用計時晶片，你的晶片會在你越過起跑線的那一刻啟用並持續計時直到你越過終點線。這個淨時間（chip time）是你完成比賽所費時間的精確測量值。

訣竅

設定鬧鐘並再次確認。如果你留宿在旅館，為了安全起見，可以要求櫃檯提供電話鬧鈴服務。

真 相

10公里賽程中的水分流失（流汗）程度因人而異。然而環境因素，如高溫和下雨，對出汗率（sweat rate）有很大的影響。

以一個能夠讓你跑完整趟10公里路程的速度起跑。在最初的幾公里你應該感到相對地輕鬆。如果一開始跑得太快，你在接下來的大部分賽程會感到很痛苦，而且會冒上無法完賽的風險，因此要確保自己沒有因為試圖想要追上別人而跑得比平常快。一旦你適應了你的速度，就可以開始盡情地享受周圍的氣氛和景致。過程中請保持應有的禮節，避免突然停下來或改變方向，並以安全、合乎規範的方式跑步。比賽中有許多其他的參賽者，因此很容易會發生絆倒或是誤入其他跑者路線的情況。如果你嘗試要超越某人，務必確保你在超前他幾步之後再進行切入。如果你比隊伍中其他的人跑得要慢，請試著跑在右側並在你的周圍讓出一條暢通的通路以便速度較快的跑者通過。最後，跟著比賽路線跑。切過拐角縮短你需要跑過的距離是作弊的行

跑者筆記

瑞姬

做為一個路跑賽的籌劃者，瑞姬喜歡早在任何人之前抵達比賽場地。「此刻道路上的那份寧靜是我真正喜愛的，」她驚嘆地說著。「一旦人群開始抵達，氣氛就會隨之改變。」她對參賽者最大的建議是「了解比賽的場地。在比賽前一天跟著地圖上的路線勘場──開車去，不要跑步。另外，了解洗手間和加水站的位置，如此你才不會在比賽中途驚慌失措。」

瑞姬在各種天候狀況下在全英屬哥倫比亞辦過路跑賽。她建議參賽者採用多層次穿著，因為天氣可能會有劇烈的變化。「有時候早上本來相當潮濕，但比賽開始 30 分鐘後太陽露臉了，外面的天氣隨即變得暖和起來。因此若不想要身體在跑步的時候變得過分悶熱，多層次的穿著是個好辦法。」

為。讓自己因為完成整場比賽感到驕傲。

在路途中遇到補給站別忘了停下來喝水。**建議在跑步中每15到20分鐘喝三分之一杯到半杯的水**。盡量不要將你的水杯丟在跑道上別人可能會踩到的地方。使用現場準備的垃圾桶，或至少確保將水杯丟到跑道邊。

比賽結束之後

當你抵達終點線時，你可能會筋疲力竭並想要停下來，或是欣喜若狂並想要細細品味那一刻的喜悅，但無論如何請你繼續前進。許多跑者會匯聚在終點線附近，而這個地方可能因此變成一個壅塞的地帶。切記不要插隊，尤其在不使用計時晶片的比賽更是如此，因為你抵達終點線的順序會影響整體成績。所以請你依照裁判的指示跟著人群前進。

一旦你通過終點線，花點時間好好地做緩和運動。**在比賽結束後，讓你的肌肉保持活動10到15分鐘，並趁著肌肉還溫熱的時候進行你的例行伸展**。這個部分應該包含一些伸展小腿、股四頭肌、腿後筋肌以及臀肌的溫和運動。

在你伸展的時候，可以自行取用終點區提供的水與點心。貝果、香蕉和能量棒都是很好的選擇。將你在比賽中耗盡的體液和營養素補回來，並務必將垃圾和香蕉皮丟進現場準備的垃圾桶。

最重要的是慶祝你的成就。**在比賽結束之後，馬上花點時間恭喜自己並和家人朋友一起慶祝**。驕傲地穿上你的活動T恤；你會對於它將吸引多少全然陌生的人前來與你交談而感到驚訝。在一切都結束以後，挑選另一個10公里路跑賽並再次從頭展開整個訓練過程。享受眼前的康莊大道吧！

訣竅

如果你在比賽的最後還有餘力，挑選幾個跑在你前方的跑者，追上前去並超越他們。這是一個愉快的心理遊戲，它將幫助你維持幹勁直到抵達終點線。

比賽當天檢查表：

- 比賽前兩到三小時開始補充水分並吃一小份低脂、含有少量蛋白質的高碳水化合物餐食。
- 活動前 20 分鐘開始暖身。
- 藉由穿上塑膠袋或舊衣服保暖以做好應付各種天候狀況的準備。
- 為自己訂定適合的步調。
- 放鬆並享受這一切！

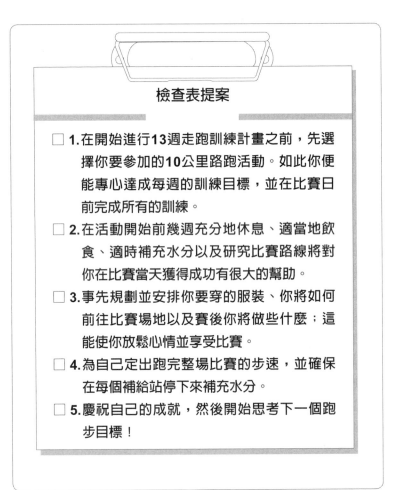

檢查表提案

- [ ] 1. 在開始進行**13**週走跑訓練計畫之前，先選擇你要參加的**10**公里路跑活動。如此你便能專心達成每週的訓練目標，並在比賽日前完成所有的訓練。
- [ ] 2. 在活動開始前幾週充分地休息、適當地飲食、適時補充水分以及研究比賽路線將對你在比賽當天獲得成功有很大的幫助。
- [ ] 3. 事先規劃並安排你要穿的服裝、你將如何前往比賽場地以及賽後你將做些什麼；這能使你放鬆心情並享受比賽。
- [ ] 4. 為自己定出跑完整場比賽的步速，並確保在每個補給站停下來補充水分。
- [ ] 5. 慶祝自己的成就，然後開始思考下一個跑步目標！

CHAPTER **11**

下一步是什麼？

當你從事任何運動的時候，切記運動的三大原則——適度、
連貫性以及休息——而且不要期待自己可以馬上變成高手。
每項運動都需要獨特的技巧，而獲得這些技巧需要一點時
間。每當你從事一項新運動的時候都會發現，只要你願意，
處處都是可以跨越的障礙。

在你完成13週走跑訓練計畫之後，你可能會覺得自己和過去有所不同。你的體適能已經提升到更高的境界，而且或許自信心也增強了。你會知道如果你決心完成某件事，你將能夠達成目標。如果你和其他人一起訓練，無疑地你已經在固有的朋友圈之外結交了一些新朋友。但當訓練計畫結束，你可能會發現自己正納悶著，「那接下來呢？」

　　從生理學的觀點來看，你成功地完成訓練計畫這件事同時帶來了好消息與壞消息。好消息是，你在過去13週的耐心鍛鍊之下養成的心血管（心臟和肺臟）適能相對地容易維持。你只需要持續做你一直在做的事──也就是每週三次，每次30到40分鐘的有氧運動──就已足夠；你並不需要永無止境地推動自己更上一層樓。然而如果你想要繼續提升你的體適能水平，你將需要持續挑戰你的身體。有一個辦法是跟著附錄C的〈13週跑得更快計畫〉。你會注意到它提供了額外的挑戰，包括反覆的上坡跑和間歇訓練。但切記：不要貿然展開此一進階訓練計畫，除非你已經完成13週走跑訓練計畫，而且在那之後仍然持續維持跑步的習慣；否則你將會冒上受傷的風險。

　　壞消息是，如果你認為完成訓練計畫就是終點，那麼你辛苦鍛鍊才得到的體適能成果將會逐漸流失，就像水流進沙裡一樣。不到一個月的時間，你的體適能水平便會大大地降低。你可能會覺得很不公平，你這麼努力地鍛鍊，卻不能仰賴先前的成果稍事休息。但事實就是如此，你的身體會回到你開始實施訓練計畫之前的狀態。

　　有些人並不在意。他們實踐這套訓練計畫只是為了想知道他們是否有這個能耐，或者是因為受到朋友的挑戰。有時候這些人乾脆脫離健身的行列而且一去不復返。這是他們個人的選擇，即便這個選擇並不是那麼地健康。

　　其他人則發現，當他們完成訓練計畫而且不再有時間表可以依循時，他們的動力也悄然溜走。這不太算是一種選擇：他們因為無法按表操課而迷失方向，而在體認到這一點之前，他們的身材已經再度走

樣了。

　　如果這樣的情況發生在你身上，又或者如果人生中的某件大事——例如家人生病或職場危機——讓你無法繼續維持目前的體適能水平，你永遠都能再次從頭開始鍛鍊起。這其實沒有聽起來那麼糟。畢竟你早就知道你的手中握有處方籤跟良藥。你只要回到起點，重新開始，13週過後你又會站上高峰。你也不會是孤軍奮戰。許多人的體適能在完成訓練計畫後就下滑，最後這些人會對自己每當必須追趕公車時就像老蒸汽火車頭一樣氣喘吁吁感到不悅，然後在數個月後重回訓練計畫。要知道重新開始永遠比就此放棄好太多了。

　　然而只要依照這套訓練計畫進行鍛鍊，你們之中的大多數人會發現自己其實相當享受新的體適能水平，並想要竭盡所能地維持它。首先，在完成訓練計畫後休息個幾天完全無損你的鍛鍊成果。事實上剛好相反，你的身體可能會感激你給了它一個好好恢復的機會，尤其如果你原先鍛鍊的目的是參加比賽，而你以一場10公里路跑賽做為訓練計畫的完美句點的時候。只是在比賽或訓練計畫結束一週後你應該要開始考慮如何採取進一步的行動，並開始執行規律的體適能維護計畫。

　　有一些方法可以讓你維持頂尖的體態。你可以繼續進行目前安排的一週三次、一次30到40分鐘的訓練；這對你來說可能顯得相對容易，因為你的身體已經預設這樣的運動量了。如果你覺得較長的訓練項目太繁重或太費時，而你在週末能夠騰出至少45到60分鐘的時間完成一個項目，那麼你就可以在週間進行那些半小時的訓練項目。你可以根據自己的時間表來調整你花在訓練上的時間。只是要記住，維持體適能的關鍵在於訓練的頻率和強度——維持現

真　　相

1997 年史丹佛大學的一項研究顯示，有運動習慣、維持健康體重而且不抽菸的人在 75 歲之前身體發生殘疾的機率比沒有這些習慣的人少了一半。

有的體適能水平比從頭鍛鍊起輕鬆多了；即便只是鍛鍊20分鐘也好過什麼都不做。或者你可以透過一天10到15分鐘的「衝刺」運動進行訓練。如果你完全不想跑步，快走將足以提高你的心率並幫助你維持一個健康的體適能水平。

如果你發現你的動力正逐漸消逝，不妨報名參加社區的路跑或健走活動。今天到處都是跑步的人，而他們大多喜歡集結成群。他們參加活動的目的部分在於評估自己的進度，部分則出於社交因素。你當地的跑步鞋專賣店或社區活動中心或許會提供這類活動的時程表。此外，運動俱樂部比比皆是；在地方報紙上經常可以找到它們的每週活動訊息。

如果你完成了訓練計畫並確定自己不適合跑步也不要感到絕望。跑步並不見得適合每個人，這或許是件好事，否則有些跑步路線就會變得擁擠不堪。此外，不喜歡跑步不代表你應該轉而尋求沙發和遙控器的慰藉。如同第7章討論過的，還有許多有趣的有氧運動可以選擇。騎單車、游泳、越野滑雪和健行都是跑步很好的替代選項，同樣的還有溜直排輪、划獨木舟、參加團體健身課程、健走，或甚至只要花點時間在你當地的健身房踩踩踏步機（stair climber）都是不錯的選擇。

重點是你得找到一個能讓你樂在其中的有氧運動。你愈享受這項運動，你就愈可能空出時間來做它。除此之外，雖然你的健身計畫應該以某種有氧運動為中心，但你也許會想要嘗試一些無氧的衝刺運動（stop-and-go sports）。如果你喜愛比賽，不妨試試足球、壁球、壘球、排球、網球、籃球、曲棍球或是羽毛球。這類運動有些看似你只需在一旁站著；但記住，你投入的程度愈大，你得到的就愈多。羽毛球可以做為一項休閒活動，或者你也可以使盡全力運動到汗流浹背；一切由你決定。重要的是藉由做喜歡的運動使你練就美好的體態並保持下去。

當你從事任何運動的時候，**切記運動的三大原則——適度、連貫性以及休息——**而且不要期待自己可以馬上變成高手。每項運動都需

要獨特的技巧，而獲得這些技巧需要一點時間。每當你從事一項新運動的時候都會發現，只要你願意，處處都是可以跨越的障礙。此外，你也必然會進入能力的停滯期，唯有耐心和練習才能帶領你突破瓶頸。如果你在進展上遭遇困難，不妨去上一些相關課程，或向經驗較豐富的參加者尋求協助。每個運動都會有一些專心致力的發燒友，這些人樂於引領新手入門並且不吝於傳授他們一些訣竅。

除了參與有氧和無氧運動之外，做些肌力訓練也是個好主意。這可能會包含一些重量訓練或循環訓練。如果你想要提升肌力並跨越某些舒適地帶的界限，不妨考慮攀岩。

真　　相

在過去 17 年來，已經有超過 7 萬 5000 名的走跑訓練計畫實行者成功完成 10 公里路跑賽。

跑者筆記

麗莎

在跑步三年之後，麗莎擁有她畢生最完美的體態，但她聽到來自其他運動的誘惑在召喚她。「我男朋友是攀岩手，他帶我到山上去，」她說。「也不是說有壓力或什麼的，但我會想要跟上他和他的朋友們。當我攀到最後 10 呎（3 公尺）的時候，我整個人僵掉了。」我的男朋友幫我下降到一個岩架上，然後我等待驚慌的感覺消退。他告訴我儘管我功敗垂成也無所謂，但我知道我必須再試一次。

「下一次就簡單多了，一方面是因為我知道我該預期什麼。我往上攀爬，用我的手碰觸最高點然後攀回低處；我想這是我做過最難的一件事。」她仍然喜愛跑步，但她興奮地表示她已經愛上了攀岩，「外面有很多山岳等待我去征服。」

不論你選擇哪些運動，最基本的是做好充分的準備。這包含做好暖身與緩和、攝取營養的食物、穿適當的衣服和裝備，以及對任何潛在的受傷機會保持警覺。換句話說，你從這本書學到的基本原則和所有你可能從事的運動都有關聯。

決定下一個挑戰

不論你是否想要維持目前的體適能水平、多樣化的運動計畫，或是改善你的10公里跑步時間，要記住很重要的一點是，你已經是健身有成的人了。如今你已經了解設定目標並訂立達成目標的明確計畫乃是成功的關鍵。

你們之中有許多人的腦海中可能已經浮現下一個健身目標，至於那些還沒有新目標的人，你們或許會想要考慮下列問題來幫助自己建立下一個運動里程碑：

1. 你維持規律的跑步習慣多久了？
2. 你需要投入多少時間到你的運動計畫？
3. 你在實行13週走跑訓練計畫期間是否都沒有受過傷？
4. 你是否夠喜愛你的跑步計畫到可以繼續維持現況或增加距離或強度？
5. 你是否在生理上和心理上都準備好接受另一個健身挑戰？
6. 你是否對跑步感到厭煩？是否覺得有必要嘗試其他的運動項目？

訓練自己跑得更快

如果你已經維持規律的跑步時間表至少一年、好幾週以來都沒有受過傷而且想要增加訓練的強度，你可能已經準備好展開提升速度的新挑戰。將目標設定為在更短的時間內完成10公里路跑賽是相當刺激的，這與單純以跑完10公里路程做為唯一的目標大不相同。想要達成縮短完賽時間的目標，一個多元、有條理的訓練計畫是不可或缺的。

使用多種訓練技巧能提升你的體適能並幫助你保持幹勁。**間歇訓**

練、節奏跑（tempo running）、上坡跑以及法特萊克訓練（Fartlek）是成功跑者訓練肌力和提高速度所使用的四大跑步鍛鍊法。大部分的跑步專家會建議在每週的訓練時間表納入一個或多個速度和肌力鍛鍊項目。如果你是一名新手跑者，可以試著在最初的六到八週每週納入一個速度鍛鍊項目到你的訓練計畫中。如果你已經一週跑步三次，就用速度訓練取代其中一個跑步項目。

一旦你在八週的過程中完成了大約八個連貫的速度鍛鍊項目而且沒有受傷，你可能會想要在你的每週跑步時間表納入第二個速度鍛鍊項目。這次的鍛鍊項目應該與上一個不同。舉例來說，如果你最初八週的速度鍛鍊項目採取的是每週一次的上坡跑訓練，那麼下一個你要納入的鍛鍊項目可能就是法特萊克訓練或間歇訓練。

如同你的13週走跑訓練計畫，連貫性是提升速度的必要條件。即使是最專注的人決心都可能會衰退；因此找到一個目標相近的訓練夥伴能幫助你提升幹勁並堅持到底。即使是在一個成員體適能水平最參差不齊的訓練團體，速度訓練只要經過簡單的修正就能滿足每個人的鍛鍊需求。透過較短的訓練間隔和在休息時間重新分組，團體中的成員能給予彼此完成嚴格的鍛鍊所需的支持和動力。

上坡跑訓練

上坡跑可以訓練肌肉和心血管耐力，並做為轉換到速度訓練之前的一個良好的過渡期。坡道為更進階的鍛鍊平添了挑戰，而且上坡跑訓練很適合成員的速度和耐力水平各異的跑步團體。記住，你需要將每一次的上坡跑訓練視為獨立的鍛鍊項目，並且在重複動作之前妥善休息。

跑步上坡的時候試著讓身體不要向前傾；專注在維持

平衡上，縮短你的步幅，膝蓋抬得稍微高一些，並保持手臂的擺動。在你意會過來之前，你已經從另一側跑下來了。下坡時盡可能地運用重力來輔助，並適當地拉長步幅以保持髖部的位置在腳掌上方。

在規劃上坡跑訓練的時候，選擇一個至少110碼（100公尺）長而且不會太陡的坡道。你需要一個可以讓你跑上去的緩和斜坡，而不是一個太陡的坡道。你進行上坡跑的重複次數可以根據時間或距離而定，一切由你做主。舉例來說：努力跑步上坡45秒，停下來和你的訓練夥伴重新組合，然後用可以讓你調整呼吸的輕鬆速度慢跑回到坡道的起點。根據你的體適能水平重複五到七次。有個提醒：如果你在回到坡道起點的時候還沒有調整好呼吸，就表示你把自己逼得太緊了。這是一個評估你的鍛鍊是不是過於辛苦的好辦法。你的確需要督促自己，但你也需要活下去才能繼續跑步。大約八週過後再逐漸地增加上坡跑的訓練份量。

不論速度訓練的類型為何，記得務必先做至少10分鐘的暖身，再以輕鬆的步調開始跑步。在完成速度訓練後再以輕鬆的步調進行10分鐘的緩和也是個好主意。在速度訓練的前後納入從容的暖身和伸展，你便可以提高肌肉的溫度並放鬆你的肌肉。

如果你的街坊可以找到任何坡道，這裡有一些增進肌力和耐力的替代選項。以下提供一些建議：

- **在跑步機上進行鍛鍊，將坡度調到 7% 是模擬上坡跑的好方法**。根據機器的不同，你可以進行預設的鍛鍊模式或是手動調整速度，如此你所進行的鍛鍊就會近似於前面提到的在馬路上的訓練。
- **以單車或階梯機進行間歇運動是很好的鍛鍊方式**。暖身 10 分鐘，增加強度 4 到 5 分鐘，然後恢復。在完成一些訓練項目之後，試著在鍛鍊中加進第二個循環。
- **你家附近的棒球場看臺階梯為增進腿部肌力提供了一個具有挑戰性且充滿樂趣的好方法**。暖身後奮力跑上階梯，然後走下來；這樣視為一組動作。隨著肌力的提升逐漸增加動作的組數。記住，如果你

在階梯底端仍然喘不過氣來，代表你把自己逼得太緊了。

間歇訓練

　　這類訓練由較快速的跑步搭配走路恢復組合而成，目的在於提升你身體的攜氧力並增進你的肌耐力。你會在短時間內以稍快的速度跑步，接著是一段走路或是慢慢跑的恢復期。你可以自己決定要用時間或是速度衡量你的訓練區間。

　　記得在每個速度訓練項目開始之前進行10分鐘的暖身，並以10分鐘的緩和為訓練項目作結，接著再做一些簡單的伸展。暖身與緩和應該以從容的步調進行，這能使你的肌肉準備好從速度訓練的強度中恢復。

　　如果速度訓練對你來說是一個新的嘗試，那麼你可能會想要以兩分鐘的目標速度開始接著兩分鐘從容的速度。那兩分鐘的悠閒時間是你的恢復期，你可以緩緩地走路或是慢跑。兩分鐘的快跑接著兩分鐘的輕鬆跑或走路視為一組動作。在最初三週嘗試做三組動作，然後再逐漸加入第四和第五組。對於新手或那些剛接觸速度訓練的人，在進行速度訓練的頭六到八個月不要試圖做超過五組動作。

　　你可以自己決定每次鍛鍊的距離或時間。有些跑者可能會想要一連數個月堅持相同的鍛鍊項目，但對某些人來說這樣的方法可能有點無趣。通常做些變化是個好主意，這可以使鍛鍊變得更有趣而且有助於維持幹勁。其他適合新手的間歇鍛鍊項目包括：

- **5分鐘的重度訓練和 2½ 分鐘的輕度訓練。重複三次，並逐漸增加到五組。**

或是：

- **跑步 1 公里，用大約加速時間的一半做為休息時間，重複三次。**

　　切記，休息時間的目的在於從重度訓練項目中恢復，如此你的呼吸可以幾乎回到正常。如果你在兩次訓練間隔之間喘不過氣來，就表示你把自己逼得太緊了。如果是這樣的話，不妨在重度訓練期間稍微減輕訓練的強度。了解如何訂出適合自己的訓練強度需要一點時間。

此外，你每次跑步得到的感覺也將不盡相同。外在因素包括颶風、下雨、炎熱的天氣——還有壓力與睡眠——都會影響你在某個訓練日的跑步強度和速度。開始的時候輕鬆一點總是比較好，如此你才能在訓練的最後推動自己繼續向前。如果一開始就太費勁，你可能會終止訓練，覺得自己再也無法多跑一步。

法特萊克訓練

法特萊克訓練是指在連續走路或跑步期間進行一系列的隨意衝刺（bursts）。這類的衝刺持續時間從20秒到3分鐘不等，每2到4分鐘進行一次。它們的持續時間和速度由你決定。但重點在於以比平常訓練和比賽時還要快的速度跑步一段時間。每次辛苦的努力之後接著而來

跑者筆記

琳恩

琳恩在搬家到北美洲的另一頭之後才開始跑步，然而既然她已經開始，她表示她將永遠不會停止。「在我搬家之後，我想要認識和我興趣相投的新朋友，」這位 29 歲的營養師這麼說。琳恩在青少年時期是一名實力強勁的泳者，她不只想要結交新朋友，她還想要她的朋友像她一樣健美而且經常運動。她聽說了一個跑步課程並報名加入。

「這是很棒的經驗，而且我遇到形形色色的人。他們現在變成了我的朋友，所以我不知道如果不跑步的話我要做什麼。我們有一個跑步俱樂部，而且我們每週六都碰面。」琳恩用其他運動補充跑步的不足，像是游泳和溜直排輪。「我的目標是均衡，因為這似乎更符合我的生活方式。我做其他運動還有一些健康因素的考量。此外，如果我一直跑步而不做任何其他事，我會感到厭煩。」

的是恢復期，此時速度會減緩到一個呼吸和心跳都回復到接近正常靜止心跳率的階段。然而關鍵在於持續地活動。在不同地形上進行的越野跑步相當適合採用這類型的鍛鍊方式。

在開始進行法特萊克訓練之前，記住先暖身10分鐘，並在速度訓練結束後立即加入10分鐘的緩和運動。新手可以採取1分鐘的重度訓練加1分鐘的輕度訓練來入門。剛開始的時候試著重複做10次。六週後逐漸增加到12次，再來是15次。另一個建議是使用地標（如電線桿）做為加速與減速的指標，例如快跑經過兩個電線桿，然後再慢跑經過兩個電線桿，重複7次，之後再慢慢增加到15次。

節奏訓練

節奏跑指的是以一個持續的速度跑步。這個速度會比你平常輕鬆跑步的速度來得快，而你必須能夠以這樣的速度在比賽中維持長達一個小時。節奏跑訓練身體在感到疲勞之前跑得更快，而且如同本節敘述的其他速度訓練項目，節奏跑可以根據跑步的時間或距離來進行。新手可能會想要展開一趟2哩（稍微超過3公里）長的節奏跑，或持續一段15到18分鐘的跑步時間。在成功地經歷六週的訓練之後，每隔幾個星期就增加¾哩（大約是1公里）或是7分鐘的跑步時間，直到達到3¾哩或是25分鐘的跑步時間為止。記得在每次節奏跑訓練項目的前後納入各10分鐘的暖身與緩和運動。在每次跑步過後也應該進行10到15分鐘的伸展。

訓練自己跑得更遠

如果你在完成13週走跑訓練計畫後仍然享受著跑步帶來的樂趣，並想要延長跑步的時間，你可能會想要為參加半程或全程馬拉松進行訓練。只要經過適當的訓練，這樣的距離是許多人能力所及的範圍；不妨使用我們在本書提倡的所有相同的基本原則進行訓練。

然而在你貿然開始進行更密集的訓練計畫之前，有一些事情是你

應該要考慮的。如果你的目標是跑全程馬拉松，很重要的一點是，要知道許多老練的跑者都會建議在挑戰全程馬拉松26.2哩（42公里）的賽程之前最好先完成半程馬拉松的訓練計畫。加拿大奧運選手琳·可努卡則建議應該在賽前至少六個月的時間一貫地維持每週三次的跑步訓練。

SportMedBC的《全程馬拉松和半程馬拉松：新手入門指南》（Marathon and Half-Marathon: The Beginner's Guide）會引導一個久坐不動的人在26週的時間內從不活動到可以跑完半程或全程馬拉松。如果你剛成功地完成13週走跑訓練計畫，所需的時間將會更短。在最初的幾個月你在每週將會有三個訓練項目，完成每個訓練項目所需的時間大約是一小時。就像SportMed所有的出版品一樣，這本書會幫助你越過終點線、做好充足的準備，並且免於受傷。

比賽開始了

許多完成13週走跑訓練計畫的人或許早在開始進行訓練計畫之前就知道跑步是適合他們的運動。有些人會將跑步當做紓壓的方法並總是獨自進行。有些人認為跑步是他們社交生活的一個重要附屬品，一個不管他們到哪裡都能用來認識新朋友的方法。這些人當中有許多會加入跑步團體，然後在幾年之後討論起他們跑過的無數里程以及他們曾經參加過的許多活動。還有一些人最重要的目標就是要參加比賽。

參加比賽的好理由很多，但最主要的一個應該總是因為這些比賽很有趣。在這類活動中通常可以感受到同好之間良好的互助意識，而有些跑者去參加比賽單純只因為他們喜歡遇見這類的參賽者。一些高知名度的比賽包括英屬哥倫比亞的溫哥華太陽長跑、紐卡索的北英格蘭半程馬拉松大賽（Great North Run）、奧克蘭的環灣路跑（Round the Bays）、雪梨的城市到海灘長跑（City2Surf）、斯坡坎（Spokane, Washington）的布魯姆日長跑（Bloomsday）、亞特蘭大的桃樹路競跑（Peachtree Road Race），以及舊金山的越灣長跑（Bay to Breakers）──還有許許多多其他的比賽。這些活動吸引了新手跑者以

及經驗老練的選手。鮮少有參加者會在乎你的完賽時間；他們只對自己的完賽時間以及享受比賽過程感興趣。

這樣的活動也可以是富有教育意義的。在比賽開始之前通常會有跑步課程，在那裡跑步高手、醫生以及物理治療師會主持各種主題與跑步相關的論壇。跑步設備製造商通常會設攤促銷他們的產品，所以路跑活動也常被用來當作小型的展銷會和研討會。

雖然最先跨越終點線的人只有一個，然而普遍的共識是任何參加比賽的人都是贏家。此外，許多比賽現在已經設有不同的類別讓參賽者得以測驗他們的能力如何與同齡參賽者匹敵。舉例來說，你的整體排名可能是62或178，但最終仍以45到50歲組的第五名做結。然而你並不需要過分注重競爭——只要盡情享受樂趣即可。

你可能也會想要以不同的距離作試驗。有許多5公里和10公里的「趣味路跑」（fun runs）。如果你覺得自己樂於參加這類活動，你可以逐步為《全程馬拉松和半程馬拉松：新手入門指南》中提到的半程馬拉松訓練計畫做準備，或是參加長距離的比賽。但在讓自己受到這一類的嚴峻考驗之前，請先試著確認這樣長距離的比賽是你真正想要的。因為並不是每個人都適合跑馬拉松，正如不是每個登山者都能夠去爬聖母峰一樣。如果你參加一個超出你能力所及的比賽，到了中途就因為反胃和抽筋而必須在路邊停下來，你不太可能會想再回去比賽，而你也會讓自己暴露在受傷的風險下。最佳策略是挑選一個在你的舒適地帶範圍內的比賽，並給自己完成它的機會。

參加比賽最主要的理由之一，或許也是最好的理由，就是可以獲得動力。當你在行事曆上設定比賽的日期以後，即使你心裡想的是解開鞋帶坐下來，這股動力還是會驅使你穿上跑鞋上路練跑。在你告訴所有的朋友你要參加路跑賽之後，你不會想要每個人都來問你進展如何，然後你卻必須向他們解釋你「不想去了」。比賽場上的成功會引起一個良性循環。如果你做得很好，你會更進一步激勵自己更努力鍛鍊，然後在下次比賽表現得更好。

　　如果你一直有在進行交叉訓練，你可能會想要考慮參加鐵人兩項賽（duathlons）或鐵人三項賽。顧名思義，這類比賽包含的運動項目不只一個。鐵人兩項賽通常包含跑步和騎單車。在鐵人三項賽中，你必須從游泳開始，接著是騎單車，然後是跑步。如同路跑活動一樣，這類比賽的距離長短有很大的差別。短程的鐵人兩項賽可以是5公里的跑步，接著騎20公里的單車，然後繼續5公里的跑步。而鐵人三項可以包括2.4哩（4公里）的游泳、112哩（180公里）騎單車，然後一趟全程馬拉松（26.2哩／42公里）。所以說會被稱做鐵人不是沒有原因的！

公益路跑

　　公益跑步計畫是保持動力的絕佳方法。你可以參與健走賽和路跑賽並為各種致力於健康（包括癌症）、貧窮和受虐等領域的慈善機構募款。舉例來說，為乳癌而跑（Run for the Cure）是一個10公里路跑賽，至今已經募得數百萬美元支持乳癌研究。這些比賽透過給予跑者兩個目標來幫助提升他們的熱情：一個是他們可以達到的訓練目標，另一個是用來支持他們相信的慈善動機的募款目標。為慈善機構而跑有兩種方式，一是獲得慈善路跑活動的參賽權，然後選擇透過捐獻為慈善機構募款；二是與慈善機構接洽，在主要賽事中成為他們官方長跑隊伍中的一分子。

　　慈善組織會預先購得參賽權確保跑者可以參加比賽。跑者同意募集最小額款項——高達2500美金——換來的就是參賽資格，此外往往還有準備比賽的訓練建議、獨家隊衣，以及該慈善機構的啦啦隊沿路的加油打氣。擁有自己的啦啦隊能發揮相當驚人的作用！即使你的身體已經感到疲憊不堪，啦啦隊的支持和鼓勵會讓你保持幹勁直到最後。慈善組

織也會透過讓每個參加者架設可以讓他們的親朋好友線上捐款的個人網頁來幫助他們募款。你可以用照片、訓練日誌、你最喜歡的慈善機構的資訊來填滿你的網頁，或許還有你個人對某個癌症倖存者或是癌末病童致上的敬意或是獻詞。這個網頁也可以列出活動資訊、比賽路線、理想的觀賽和加油地點、最新募得金額、比賽目標、募款目標、總里程數以及特殊評論。

保持運動的習慣

　　無論你是否選擇參加路跑賽、不管你是否想要繼續跑步，完成13週走跑訓練計畫會幫助你提升你的體適能水平，並對運動的優點和喜悅有全新的體會。還有許多關於整體健康和跑步專門的學問，你可以

跑者筆記

　　安迪身高六呎二，體重 220 磅（180 公分，99 公斤）。在開始他的第一場半程馬拉松之前，40 歲的安迪擔心他龐大的體型會是他達成跑步目標的障礙。安迪過去總以為馬拉松跑者都是體型非常瘦小的人。然而安迪以 13 週走跑訓練計畫為基礎，在跑步用品專賣店人員的協助之下修正了這套 13 週訓練時間表，好在每個週末納入較長的跑步訓練來準備 13.1 哩（21 公里）的半程馬拉松。安迪額外的激勵來自他的朋友賽斯；他不久前經歷了生死關頭，接受肝臟移植的他剛跑完一趟全程馬拉松。

　　安迪對於半程馬拉松訓練計畫的投入和堅持獲得了回報。完成比賽對他來說不成問題，而且他也以比預期還要快得多的速度完賽。安迪下個跑步目標是和他的好夥伴賽斯一起跑完全程馬拉松。

安迪爾

透過閱讀、參加會議和活動、報名研討會、加入跑步俱樂部，或與有類似興趣的朋友閒聊來繼續擴展你的知識

不論你的作法是什麼，務必試著讓運動成爲你生活的一部分。你會因此變得更快樂也更健康，而你得到的快樂和健康終究會讓一切值回票價。爲了幫助你決定下一步該怎麼走，這裡提出一些可能會發生的情況以及相應的訓練計畫。你可以從中找出適合你的選項。

1. 我成功完成了 13 週走跑訓練計畫！

太棒了！爲了鞏固你新養成的跑步適能，請在決定下一個挑戰前先做一個月的維持訓練。

第1週：第1天：20分鐘

第2天：40分鐘

第3天：60分鐘

第2週：第1天：20分鐘

第2天：30分鐘

第3天：40分鐘

至少再持續兩週重複這些項目。

2. 我完成了 13 週走跑訓練計畫，但在過程中遇到一些困難。

很多人都遇到這樣的情形。請重新展開13週走跑訓練計畫，但並非從頭進行，而是從第五週開始。給自己八週的時間再次進行鍛鍊，並鞏固跑完10公里路程的實力。

3. 我用 10 公里走跑活動做爲訓練計畫的結尾，現在我想要再體驗另一場走跑活動。

恭喜你！你可以從線上跑步活動行事曆獲得關於其他路跑活動的資訊。你會發現世界各地都有路跑活動可以考慮！如果你想要來點不同的，不妨考慮3公里、5公里、10公里與其他奇特的距離，或是參加

越野路跑。無論你選擇參加何種比賽，請考慮藉此支持你所喜愛的慈善事業。

4. 我想要跑得更快！

非常好！在你展開13週跑得更快計畫（附錄C）之前，請先做一個月的維持訓練來鞏固你的跑步適能。

第1週：第1天：20分鐘
第2天：40分鐘
第3天：60分鐘

第2週：第1天：20分鐘
第2天：30分鐘
第3天：40分鐘

5. 我想要跑得更遠！

這是跑者都會有的感覺。如果你輕鬆地跑完10公里的路程，你已經準備好開始跑半程馬拉松，而且可以在第14週開始進行SportMedBC的半程馬拉松訓練計畫了。在你開始之前，向你的親朋好友提及此事，如此你便可以獲得他們的支持。為了完成半程馬拉松的訓練，你會需要一週三次投入相當於13週走跑訓練計畫兩倍的鍛鍊時間。在你開始之前，徵詢你的醫生以確保你的健康無虞，而且不會因為跑得更遠而惡化的各種潛在疼痛。

6. 現在我想要跑完一場馬拉松！

哇，如果你已經順利完成13週走跑訓練計畫的話，那麼這是一個很棒的想法。然而我們建議你應該維持保守的態度，並展開SportMedBC的半程馬拉松訓練計畫。（請見《全程馬拉松和半程馬拉松：新手入門指南》一書）它會逐漸增進你的耐力，並讓你的身體習慣衝擊而免於受傷。

7. 相較於跑步，我比較能夠勝任走路。

請你再用13週訓練計畫重新鍛鍊一次。這次改採跑步部分最多進展到10分鐘，其間穿插1分鐘走路部分的走跑方案。如果你上次採用的是跑步方案，這次你將享受10公里走跑方案帶來的輕鬆感。許多人持續使用「跑10分鐘走1分鐘」的訓練方式，並以這樣的走跑穿插模式參加馬拉松和其他長程比賽。

8. 我想要繼續跑步，但我每週只能投入兩天進行訓練。

沒關係。你可以藉由每週兩天的訓練來維持你的跑步適能：在其中一天跑步20到30分鐘，另一天跑30到40分鐘。考慮再加一天做有氧運動 —— 游泳或水中跑步、騎單車、快步走、越野滑雪、踩滑步機（elliptical trainer）—— 來維持你目前的體適能水平。

9. 我想在走跑健身訓練之外加上一些針對上半身的鍛鍊。

這是個好主意。每週加上一或兩天無負重（non-weight-bearing）的肌力或體能活動，如彼拉提斯（Pilates）、瑜伽、太極或氣功。

10. 我想在常規的跑步計畫之外加上舞蹈課。

增加負重（具衝擊力）的肌力或有氧運動向來是個好主意！你已經達到足以讓你嘗試任何活動的基本體適能水平。唯一的限制是你的感受。

11. 我只想要跑步；我對其他的運動一點興趣也沒有。

沒關係。當你跑步的時候，你全身的肌力和體適能會獲得提升，然而長期下來你會面對養成累積性傷害的風

險。而且如果你的活動都沒有其他的變化，你也會感到無聊。如果這樣的情形發生了，你可以選擇新增其他的活動。

12. 除了跑步之外，我想在運動計畫中加入更多的變化。

很多人像你一樣。多樣性讓運動變得更有趣而且能夠鼓舞你繼續堅持下去。根據個人每週運動日數的不同，這裡提出一些能提供最佳多樣性的選項。

一週三天：兩天跑步，一天其他有氧運動。

一週四天：兩天跑步，一天重量訓練，一天其他有氧運動。

一週五天：兩天跑步，兩天重量訓練，一天其他有氧運動。

一週六天：三天跑步，兩天重量訓練，一天其他有氧運動。

13. 我想要每天運動。

給自己一點喘息的空間。身體一週至少需要一天的休息時間，然而在休息日還是可以進行活動性休息（active rest），如遛狗。此外，在訓練計畫中納入休假也是很重要的：在一年中規劃至少兩週不做運動，或至少沒有排定運動時程的日子。當你重新開始運動，你會覺得受到新的激勵。一個很好的辦法是規劃到旅遊目的地參加比賽，然後在比賽結束後留在當地度假；你會覺得自己贏得了放鬆的權利。

給運動愛好者的一週訓練計畫範例

星期一　跑步45分鐘（在公園小徑上）

星期二　游泳25分鐘（自由式）

星期三　跑步50分鐘（定速跑）

星期四　重量訓練（10種訓練，每種三組動作）

星期五　跑步45分鐘（變速跑）

星期六　重量訓練（10種訓練，每種三組動作）

星期日　休息

檢查表提案

☐ **1.** 你可以透過一週三次、一次**30**到**40**分鐘的有氧運動輕鬆地維持你的**13**週走跑心臟功能。

☐ **2.** 間歇訓練、節奏跑、上坡跑以及法特萊克訓練是跑者用來增進肌力和提升速度的鍛鍊方法。

☐ **3.** 參加比賽可以是保持動力、享受樂趣、遇見同好、學習更多跑步知識並開發新跑步地點的好辦法。

☐ **4.** 公益路跑可以是一個保持健康並回饋社會的好方法。

☐ **5.** **13**週走跑訓練計畫只是你培養活躍的生活方式的開始：繼續跟著訓練計畫做，或是將它修正成符合你的時間、目標以及興趣的新版本。

附錄A：
伸展運動與
肌力訓練運動

伸展運動

　　這裡有一些專為跑步和走路使用的主要肌群所設計的伸展運動。用這些伸展動作做為你個人例行伸展項目的指導。有系統地從小腿伸展到肩膀（或反過來）是個不錯的主意。

　　在每次開始伸展之前，以5到10分鐘的原地慢跑，或是緩慢、輕鬆地跑步使肌肉溫度升高。接著進行訓練前的伸展運動。在每個伸展位置（切勿晃動）停留大約10秒。你的例行伸展時間不應多於3到5分鐘。

　　在你結束鍛鍊後，使用相同的伸展動作進行緩和。如果你想要增進你的柔軟度，就延長動作的停留時間——從15秒到3分鐘皆可——並重複每個動作二到三次。特別留意令你感到最緊繃的部位——在跑者身上這些部位通常不外乎下背部、股四頭肌和小腿。

小腿

1. 面牆而站，離牆一隻手臂的長度加上6吋（15公分）的距離。
2. 右腳往前跨步到距離牆面一半的地方，右膝彎曲，左膝保持打直。
3. 身體靠在牆面上，利用你的前臂做支撐。在你保持頭部、頸部、脊椎、骨盆以及左腿成一直線的同時讓左腳跟稍微離地。
4. 在你試圖將左腳跟向後壓，並將右膝推向牆面的同時吐氣，並將身體的重量向牆面轉移。
5. 維持這個姿勢，然後放鬆。
6. 換邊，重複相同的動作。

腿後筋肌

這項運動需要在門口進行。

1. 身體平躺，通過門口，使髖部靠近門框前方，右大腿下部內側抵住門框的一側。
2. 右腿保持伸直並平放在地面上，呼氣並抬高左腿，直到你的左腳跟靠在門框上為止；此時左膝不要彎曲。
3. 維持這個姿勢，然後放鬆。
4. 如果想要強化伸展，可以將你的臀部挪動到更靠近門框的位置，或將左大腿抬離門框形成一個直角。
5. 換邊，重複相同的動作。

髂脛束

1. 身體左側對著牆站立，離牆一隻手臂遠，雙腳併攏。
2. 讓左手臂在肩膀的高度向旁邊延伸，如此你的手掌會貼著牆面，而你的身體會向它傾斜。
3. 將你的右手放在右髖部的側面。
4. 呼氣，雙腳保持打直，臀部收緊，並將左髖部推向牆面，直到你感覺到左腿外側獲得伸展。
5. 維持這個姿勢，然後放鬆。
6. 換邊，重複相同的動作。

股四頭肌

如果這個運動會導致你的膝蓋關節疼痛請避免進行。

1. 面牆而站，離牆一隻手臂的距離。右手放在牆面上以獲得平衡和支撐。
2. 左腳膝蓋彎曲並將腳掌向後抬高，直到你的左手可以抓住它為止。
3. 右膝輕輕彎曲，確保你的下背部保持直立。
4. 將左腳跟往臀部的方向拉近。
5. 維持這個姿勢，然後放鬆。
6. 換邊，重複相同的動作。

腹股溝

1. 在地板上坐直，背部靠牆。
2. 膝蓋彎曲，雙腿向兩側放下，雙腳腳底互貼。
3. 雙手抓住兩邊腳踝，把腳跟朝臀部拉近。
4. 手肘攔在大腿內側。
5. 慢慢地將膝蓋推向地板，直到你感覺腹股溝得到伸展。
6. 維持這個姿勢，然後放鬆。

髖屈肌

（對於無法做跪姿的人，這個動作可以坐在椅子的邊緣完成，並請採取與圖示相同的姿勢但膝蓋不觸地。）

1. 雙腳併攏站立，右腳向前跨一步。
2. 彎曲你的右膝，慢慢地將身體朝地板壓低，直到左膝碰觸地板而右腳跟平貼在地板上。
3. 將雙手擱在右膝上，並保持膝蓋以不大於直角的角度彎曲。
4. 對有些人來說，動作做到這裡已經足夠。如果你想要更深入地伸展，可以在這裡呼氣，同時將左髖部向前推來強化左側的伸展。
5. 維持這個姿勢，然後放鬆。
6. 換邊，重複相同的動作。

臀肌

1. 平躺，雙腿伸直，手臂向兩側打開。
2. 左膝彎曲並朝胸部抬起，右手在左膝蓋或左大腿下方抓住左腿。
3. 頭部、肩膀與兩側手肘維持平貼在地板上。
4. 呼氣，同時將左膝蓋越過身體拉向地板。
5. 維持這個姿勢，然後放鬆。
6. 換邊，重複相同的動作。

上背部

1. 平躺，膝蓋彎曲呈直角，手臂向兩側打開。
2. 呼氣，將兩側膝蓋慢慢地轉向左邊。
3. 手肘、頭部以及肩膀保持平貼在地面。
4. 維持這個姿勢，然後放鬆。
5. 換邊，重複相同的動作。

下背部

1. 雙腿伸直平躺。
2. 膝蓋彎曲，腳跟移向臀部。
3. 雙手抓住膝蓋後方。（膝蓋是否保持併攏並不重要，它們應該是放鬆的。）
4. 呼氣，將膝蓋往胸部拉近，並慢慢地將髖部抬離地面，同時頭部和肩膀保持平貼於地面。
5. 維持這個姿勢，然後放鬆。

肩膀

1. 坐在椅子上，右手臂在身體前方抬起至肩膀的高度。
2. 右手環過胸前並放在左肩後方，手肘保持與肩同高。
3. 左手抓住右手肘。
4. 呼氣，將右手肘拉向左側肩膀。
5. 維持這個姿勢，然後放鬆。
6. 換邊，重複相同的動作。

肌力訓練運動

　　肌力訓練對各年齡層、任何能力水平的跑者都是有益的。這裡有一些肌力訓練計畫的範例運動。

　　在展開一個新的例行訓練之前，務必先諮詢對於設計訓練計畫具有豐富經驗的健身專家。將每週的目標放在兩到三個肌力訓練項目。

　　以適當的暖身展開你的鍛鍊：採取一些低強度的有氧運動，像是踩健身車、走路或是輕鬆的慢跑，接著做些輕鬆的伸展。然後在進行這些下半身運動的同時開始負荷一些較輕的重量。至於多輕，你需要諮詢專家以便找出最適合你的重量。如果你沒有諮詢的對象，請確保你能以你所負擔的重量輕鬆地做完至少十個循環。切記寧願小心行事也不要冒上犯錯的風險。

　　一般而言，由一到兩組動作，重複10到15個循環做為開始──最初先做最小的循環數，然後再增加到最大的循環數。隨著你變得更有信心也更有能力，便可以逐漸增加重量或是阻力。

下半身

弓箭步

1. 站直，雙手插腰，雙腳與肩同寬。
2. 背部保持挺直，頭抬高。
3. 左腿慢慢地向前跨步。左膝蓋彎曲，身體向前並向下壓低，如此你的重心就會落在膝蓋上。確保你的膝蓋骨沒有超過腳趾。後腿保持放鬆並微微彎曲，讓你的膝蓋幾乎碰觸到地板。此時你的軀幹應該保持直立。接著收回左腿，回到開始的姿勢。
4. 吐氣向前跨步，吸氣回到起始位置。
5. 換邊，重複相同的動作。

上階訓練（Step-ups）

1. 站直，雙腳與肩同寬。
2. 保持背部挺直（平坦），頭抬高，眼睛直視前方。
3. 右腿踩上板凳、箱子或其他穩定的平台。
4. 平台的高度取決於你的肌力與體適能水平，最高不應超過股骨（femur）處於水平位置的高度。
5. 一旦你的右腳穩穩地踩在平台上，髖部向前移動，單用右腿踏上平台，直到身體呈現完全直立的姿勢。
6. 另一條腿跟進動作。
7. 下階；右腿先下，然後是左腿。
8. 重複以上程序，右腿上階10次，接著左腿上階10次。
9. 記得吐氣上階，吸氣下階。

深蹲（Squats）

1. 站直，雙腳與肩同寬。
2. 保持背部平坦，髖部緩慢地向後並向下移動，直到大腿骨（股骨）處於水平位置。
3. 在深蹲的姿勢中，膝蓋的位置不應該超過腳趾，而你的頭部應該呈中立姿勢，眼睛直視前方。
4. 緩慢地回到站姿，然後重複以上程序。
5. 呼氣站直，吸氣蹲低。

腹部

腹部捲曲（Abdominal Crunches）

1. 仰躺在地板上，將小腿擱在健身球（或椅子）上。
2. 調整身體的位置，讓大腿呈90度角。
3. 雙臂在胸前交疊，身體朝大腿的方向捲起，直到上背部離開地板。緩慢地回到起始姿勢。注意不要猛烈地搖晃或是推拉身體。
4. 吐氣捲起身體，吸氣回到起始位置。

上半身

肩推舉（Shoulder Press）

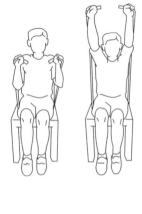

1. 在椅子上坐直，雙腳的位置在膝蓋前方。確認你的背部沒有碰到椅背。
2. 背部保持挺直，頭抬高。
3. 坐在一條彈力帶的中間，雙手各握住彈力帶的兩端。
4. 雙手同時上推過頭頂到完全伸展的位置。
5. 雙手回到肩膀的高度，彈力帶呈現 V 字型（v-position）。
6. 在整個動作中，你的手應該維持著掌心朝前的姿勢。
7. 重複以上程序10次。
8. 在上推的過程中吐氣，吸氣雙手回到肩膀的位置。
9. 你可以透過加長或縮短彈力帶來調整阻力。

滑輪下拉（Lat Pulldown）

1. 在椅子上坐直，雙腳的位置在膝蓋前方，背部不要碰到椅背。
2. 背部保持挺直，頭抬高，眼睛直視前方。
3. 彈力帶繞過位於頭頂上方的固定裝置（如掛衣勾），兩手各抓住彈力帶的兩端。
4. 在起始姿勢中，雙臂呈向上伸展，雙手高舉過頭，掌心朝前；下拉彈力帶直到雙手達到肩膀的高度。
5. 緩慢地釋放力量，讓彈力帶將你的雙手拉回起始位置。
6. 重複以上程序10次。
7. 在下拉的過程中吐氣，吸氣雙手回到頭頂上方的位置。
8. 你可以透過加長或縮短彈力帶來調整阻力。

坐姿推胸（**Chest Press**）

1. 在椅子上坐直，雙腳的位置在膝蓋前方，背部不要碰到椅背。
2. 背部保持挺直，頭抬高，眼睛直視前方。
3. 彈力帶的中間繞過背部，雙手各握住彈力帶的兩端。
4. 雙手與胸部同高，掌心朝前，前推（水平）至手臂完全伸展的位置。
5. 緩慢地釋放力量，讓彈力帶將你的雙手拉回胸前的位置。

6. 重複以上程序10次。
7. 在前推的過程中吐氣，吸氣雙手回到胸前的位置。
8. 你可以透過加長或縮短彈力帶來調整阻力。

坐姿划船（**Seated Row**）

1. 在椅子上坐直，雙腳的位置在膝蓋前方，背部不要碰到椅背。
2. 背部保持挺直，頭抬高，眼睛直視前方。
3. 彈力帶繞過位於身體正前方的固定裝置（如門把、桌腳），兩手各抓住彈力帶的兩端。
4. 雙手水平伸展、掌心朝向地板作爲起始姿勢。
5. 雙手向後拉到胸口的位置。
6. 緩慢地釋放力量，讓彈力帶將你的雙手拉回完全伸展的水平位置。

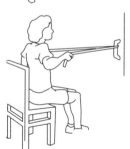

7. 重複以上程序10次。
8. 在後拉的過程中吐氣，吸氣雙手回到水平位置。
9. 你可以透過加長或縮短彈力帶來調整阻力。

附錄B：
13週走跑適能
維持計畫

(13-week RunWalk maintenance program)

這套訓練計畫專爲已經完成13週走跑訓練計畫，而且想要透過持續運動維持增進的體適能的人而設計。你可以選擇跟著這套訓練計畫、這套計畫的修正版，或和其他訓練計畫一起進行。不論你的選擇爲何，切記，如果你遵循一個特定的訓練計畫，你會比較有可能維持你的運動水平。

　　如同這本書的其他訓練計畫，你在每一週將有三個訓練項目。最好將它們分散安排到整個禮拜，如此一來你在兩個訓練項目之間至少會有一天的休息時間。大部分的訓練項目需要大約一小時來完成。

　　注意，這裡指出的時間並不包括你在每個訓練項目前後必要的5分鐘暖身和5分鐘緩和。因此務必在你的時間表留下額外的時間給這些不可或缺的部分。

第 1 週
☐ 項目 1（42 分鐘） 　　跑步 4 分鐘，走路 2 分鐘；重複 7 次。
☐ 項目 2 （48 分鐘） 　　跑步 4 分鐘，走路 2 分鐘；重複 8 次。
☐ 項目 3 （48 分鐘） 　　跑步 4 分鐘，走路 2 分鐘；重複 8 次。

第 2 週
☐ 項目 1 （42 分鐘） 　跑步 5 分鐘，走路 1 分鐘；重複 7 次。
☐ 項目 2 （48 分鐘） 　跑步 5 分鐘，走路 1 分鐘；重複 8 次。
☐ 項目 3 （54 分鐘） 　跑步 5 分鐘，走路 1 分鐘；重複 9 次。

第 3 週
☐ 項目 1 （45 分鐘） 　跑步 7 分鐘，走路 2 分鐘；重複 5 次。
☐ 項目 2 （45 分鐘） 　跑步 7 分鐘，走路 2 分鐘；重複 5 次。
☐ 項目 3 （54 分鐘） 　跑步 7 分鐘，走路 2 分鐘；重複 6 次。

第 4 週
☐ 項目 1 （44 分鐘） 　跑步 10 分鐘，走路 1 分鐘；重複 4 次。
☐ 項目 2 （52 分鐘） 　跑步 12 分鐘，走路 1 分鐘；重複 4 次。
☐ 項目 3 （44 分鐘） 　跑步 10 分鐘，走路 1 分鐘；重複 4 次。

第 5 週

☐ **項目 1（48 分鐘）**
跑步 15 分鐘，走路 1 分鐘；重複 3 次。

☐ **項目 2 （51 分鐘）**
跑步 16 分鐘，走路 1 分鐘；重複 3 次。

☐ **項目 3 （54 分鐘）**
跑步 17 分鐘，走路 1 分鐘；重複 3 次。

第 6 週

☐ **項目 1（41 分鐘）**
跑步 20 分鐘，走路 1 分鐘，跑步 20 分鐘。

☐ **項目 2 （43 分鐘）**
跑步 22 分鐘，走路 1 分鐘，跑步 20 分鐘。

☐ **項目 3 （43 分鐘）**
跑步 22 分鐘，走路 1 分鐘，跑步 20 分鐘。

第 7 週

☐ **項目 1（30 分鐘）**
跑步 30 分鐘。

☐ **項目 2 （30 分鐘）**
跑步 30 分鐘。

☐ **項目 3 （35 分鐘）**
跑步 35 分鐘。

第 8 週

☐ **項目 1（33 分鐘）**
跑步 33 分鐘。

☐ **項目 2 （30 分鐘）**
跑步 30 分鐘。

☐ **項目 3 （35 分鐘）**
跑步 35 分鐘。

第 9 週

☐ **項目 1（41 分鐘）**
跑步 30 分鐘，走路 1 分鐘，跑步 10 分鐘。

☐ **項目 2 （46 分鐘）**
跑步 30 分鐘，走路 1 分鐘，跑步 15 分鐘。

☐ **項目 3 （46 分鐘）**
跑步 30 分鐘，走路 1 分鐘，跑步 15 分鐘。

第 10 週

☐ **項目 1（46 分鐘）**
跑步 35 分鐘，走路 1 分鐘，跑步 10 分鐘。

☐ **項目 2 （51 分鐘）**
跑步 30 分鐘，走路 1 分鐘，跑步 20 分鐘。

☐ **項目 3 （51 分鐘）**
跑步 30 分鐘，走路 1 分鐘，跑步 20 分鐘。

第 11 週

☐ 項目 1（**40 分鐘**）
　　跑步 40 分鐘。

☐ 項目 2 （**45 分鐘**）
　　跑步 45 分鐘。

☐ 項目 3 （**40 分鐘**）
　　跑步 40 分鐘。

第 12 週

☐ 項目 1（**56 分鐘**）
　　跑步 45 分鐘，走路 1 分鐘，跑步 10 分鐘。

☐ 項目 2 （**61 分鐘**）
　　跑步 45 分鐘，走路 1 分鐘，跑步 15 分鐘。

☐ 項目 3 （**40 分鐘**）
　　跑步 24 分鐘，走路 1 分鐘，跑步 15 分鐘。

第 13 週

☐ 項目 1（**35 分鐘**）
　　跑步 35 分鐘。

☐ 項目 2 （**40 分鐘**）
　　跑步 40 分鐘。

☐ 項目 3 （**60 分鐘**）
　　完成 10 公里路跑活動（如果這是你的既定目標）或跑步 60
　　分鐘。

附錄C：
13週跑得更快計畫
(13-week Run Faster program)

13週跑得更快計畫（13-week Run Faster program）

　　這套訓練計畫專為已經完成13週走跑訓練計畫，並想要以安全和有效的方式增進跑步耐力和強度的人而設計。任何遵循這套訓練計畫的人應確保在任兩個跑步訓練項目之間安排至少一個休息日（或交叉訓練日）。

　　注意：請務必完成每個訓練項目指定的暖身與緩和運動。它們是你的訓練不可或缺的組成部分。

第 1 週
☐ 項目 1（44 分鐘） 暖身：慢慢跑 10 分鐘。 快跑 3 分鐘，慢慢跑 2 分鐘。 快跑 2 分鐘，慢慢跑 2 分鐘。 快跑 1 分鐘，慢慢跑 2 分鐘。 重複 2 個循環。緩和：慢慢跑 10 分鐘。
☐ 項目 2 （30 分鐘） 暖身：慢慢跑 5 分鐘。跑步 20 分鐘。 緩和：慢慢跑 5 分鐘。
☐ 項目 3 （35 分鐘） 暖身：慢慢跑 5 分鐘。 跑步 25 分鐘。緩和：慢慢跑 5 分鐘。

第 2 週

☐ **項目 1（44 分鐘）**
　　暖身：慢慢跑 10 分鐘。
　　快跑 2 分鐘，慢慢跑 2 分鐘。
　　重複 6 次。緩和：慢慢跑 10 分鐘。

☐ **項目 2（30 分鐘）**
　　暖身：慢慢跑 5 分鐘。跑步 20 分鐘。
　　緩和：慢慢跑 5 分鐘。

☐ **項目 3（40 分鐘）**
　　暖身：慢慢跑 5 分鐘。
　　跑步 30 分鐘。緩和：慢慢跑 5 分鐘。

第 3 週

☐ **項目 1（50 分鐘）**
　　暖身：慢慢跑 10 分鐘。
　　快跑 1 分鐘，慢慢跑 2 分鐘。重複 10 次。
　　緩和：慢慢跑 10 分鐘。

☐ **項目 2（30 分鐘）**
　　暖身：慢慢跑 5 分鐘。跑步 20 分鐘。
　　緩和：慢慢跑 5 分鐘。

☐ **項目 3（45 分鐘）**
　　暖身：慢慢跑 5 分鐘。跑步 35 分鐘。
　　緩和：慢慢跑 5 分鐘。

第 4 週（恢復週）

☐ **項目 1（45 分鐘）**
　暖身：慢慢跑 10 分鐘。跑步 25 分鐘。
　緩和：慢慢跑 10 分鐘。

☐ **項目 2 （30 分鐘）**
　暖身：慢慢跑 5 分鐘。跑步 20 分鐘。
　緩和：慢慢跑 5 分鐘。

☐ **項目 3 （40 分鐘）**
　暖身：慢慢跑 5 分鐘。跑步 30 分鐘。
　緩和：慢慢跑 5 分鐘。

第 5 週

☐ **項目 1（55 分鐘）**
　暖身：慢慢跑 10 分鐘。
　快跑 5 分鐘，慢慢跑 2 分鐘。
　重複 5 次。緩和：慢慢跑 10 分鐘。

☐ **項目 2 （30 分鐘）**
　暖身：慢慢跑 5 分鐘。跑步 20 分鐘。
　緩和：慢慢跑 5 分鐘。

☐ **項目 3 （40-50 分鐘）**
　暖身：慢慢跑 5 分鐘。跑步 30-40 分鐘。
　緩和：慢慢跑 5 分鐘。

注　　意

現在你更了解自己是一名怎樣的跑者。為了支援每個人的自主性，現在起你將可以在項目 2 和項目 3 依照你的感覺稍微改變訓練的距離。你可以享受一些彈性，但請務必還是將訓練維持在建議的時間範圍內。如果你是新手，請選擇較短訓練時間的選項。

第 6 週

☐ **項目 1（60 分鐘）**

　暖身：慢慢跑 10 分鐘。

　進行 40 分鐘快慢交替的法特萊克訓練。

　緩和：慢慢跑 10 分鐘。

☐ **項目 2 （30-40 分鐘）**

　暖身：慢慢跑 5 分鐘。跑步 20-30 分鐘。

　緩和：慢慢跑 5 分鐘。

☐ **項目 3 （40-50 分鐘）**

　暖身：慢慢跑 5 分鐘。跑步 30-40 分鐘。

　緩和：慢慢跑 5 分鐘。

第 7 週

☐ **項目 1**（大約 **50** 分鐘，或用跑 **10** 公里的速度跑完 **5** 公里路程）

暖身：慢慢跑 10 分鐘。跑步 30 分鐘或 5 公里。
緩和：慢慢跑 10 分鐘。

☐ **項目 2**（**30-40** 分鐘）

暖身：慢慢跑 5 分鐘。跑步 20-30 分鐘。
緩和：慢慢跑 5 分鐘。

☐ **項目 3**（**50-60** 分鐘）

暖身：慢慢跑 5 分鐘。跑步 40-50 分鐘。
緩和：慢慢跑 5 分鐘。

第 8 週

☐ **項目 1**（**60** 分鐘）

暖身：慢慢跑 10 分鐘。跑步 40 分鐘。
緩和：慢慢跑 10 分鐘。

☐ **項目 2**（**30** 分鐘）

暖身：慢慢跑 5 分鐘。跑步 20 分鐘。
緩和：慢慢跑 5 分鐘。

☐ **項目 3**（**40** 分鐘）

暖身：慢慢跑 5 分鐘。跑步 30 分鐘。
緩和：慢慢跑 5 分鐘。

第 9 週

☐ **項目 1（74 分鐘）**

暖身：慢慢跑 10 分鐘。
快跑 5 分鐘，慢慢跑 5 分鐘。
快跑 3 分鐘，慢慢跑 2 分鐘。
快跑 1 分鐘，慢慢跑 2 分鐘。
重複 3 個循環。緩和：慢慢跑 10 分鐘。

☐ **項目 2 （30-40 分鐘）**

暖身：慢慢跑 5 分鐘。跑步 20-30 分鐘。
緩和：慢慢跑 5 分鐘。

☐ **項目 3 （50-60 分鐘）**

暖身：慢慢跑 5 分鐘。跑步 40-50 分鐘。
緩和：慢慢跑 5 分鐘。

第 10 週

☐ **項目 1（70 分鐘）**

暖身：慢慢跑 10 分鐘。快跑 3 分鐘，慢慢跑 2 分鐘。
重複 10 次。緩和：慢慢跑 10 分鐘。

☐ **項目 2 （30-40 分鐘）**

暖身：慢慢跑 5 分鐘。跑步 20-30 分鐘。
緩和：慢慢跑 5 分鐘。

☐ **項目 3 （50-60 分鐘）**

暖身：慢慢跑 5 分鐘。跑步 40-50 分鐘。
緩和：慢慢跑 5 分鐘。

第 11 週

□ **項目 1**（約 **88 分鐘**）

暖身：慢慢跑 10 分鐘。
斜坡方案：在一個 25 度的斜坡上坡快跑 1 分鐘，下坡慢慢跑。
重複 8 次。
在同樣的斜坡上坡快跑 30 秒，下坡慢慢跑。
重複 8 次。
平路方案：快跑 2 分鐘，慢慢跑 2 分鐘。
重複 8 次。
快跑 1 分鐘，慢慢跑 2 分鐘。
重複 8 次。
緩和：慢慢跑 10 分鐘。

□ **項目 2**（**40-50 分鐘**）

暖身：慢慢跑 5 分鐘。跑步 30-40 分鐘。
緩和：慢慢跑 5 分鐘。

□ **項目 3**（**60-70 分鐘**）

暖身：慢慢跑 5 分鐘。跑步 50-60 分鐘。
緩和：慢慢跑 5 分鐘。

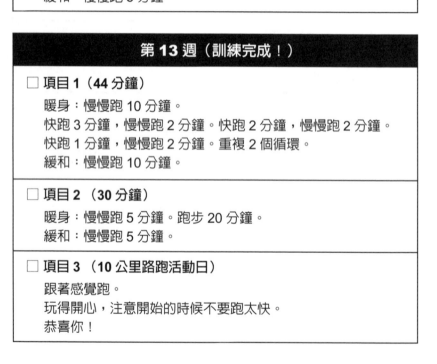

第 12 週

☐ **項目 1（60 分鐘）**

暖身：慢慢跑 10 分鐘。跑步 40 分鐘。
緩和：慢慢跑 10 分鐘。

☐ **項目 2（30-40 分鐘）**

暖身：慢慢跑 5 分鐘。跑步 20-30 分鐘。
緩和：慢慢跑 5 分鐘。

☐ **項目 3（40-50 分鐘）**

暖身：慢慢跑 5 分鐘。跑步 30-40 分鐘。
緩和：慢慢跑 5 分鐘。

第 13 週（訓練完成！）

☐ **項目 1（44 分鐘）**

暖身：慢慢跑 10 分鐘。
快跑 3 分鐘，慢慢跑 2 分鐘。快跑 2 分鐘，慢慢跑 2 分鐘。
快跑 1 分鐘，慢慢跑 2 分鐘。重複 2 個循環。
緩和：慢慢跑 10 分鐘。

☐ **項目 2（30 分鐘）**

暖身：慢慢跑 5 分鐘。跑步 20 分鐘。
緩和：慢慢跑 5 分鐘。

☐ **項目 3（10 公里路跑活動日）**

跟著感覺跑。
玩得開心，注意開始的時候不要跑太快。
恭喜你！

Beginning
Runner's Handbook

引用來源和參考資料

健康、運動和生理學
書籍

Tucker, R., and J. Dugas. The Runner's Body: How the Latest Sport Science Can Help You Run Stringer, Longer and Faster. Emmaus, PA: Rodale, 2009.

Bushman, Barbara, and American College of Sports Medicine. ACSM's Complete Guide to Fitness and Health. Champaign, IL: Human Kinetics, 2011.

Wilmore, J. and D. Costill. Physiology of Sport and Exercise. Champaign, IL: Human Kinetics, 2007.

期刊文章引用

Chave, S.P.W., J.N. Morris, S Moss and A. M. Semmence. "Vigorous Exercise in Leisure Time and the Death Rate: A Study of Male Civil Servants." Journal of Epidemiology and Community Health 32 （1978）: 239-43.

Paffenbarger, R.S., R.T. Hyde, D.L. Jung and A.L. Wing. "Epidemiology of Exercise and Coronary Heart Disease." Clinics in Sports Medicine 3 no. 2 （1984）: 297-318.

運動傷害的預防與治療
書籍

Noakes, T., and S. Granger. Running Injuries: How to Prevent Them & Overcome Them. Cape Town: Oxford University Press, 2003.

Dreyer, Danny, and K. Dreyer. ChiRunning: A Revolutionary Approach to Effortless, Injury-Free Running. New York: Fireside, 2009.

Maharam, Lewis. Running Doc's Guide to Healthy Running: How to Fix Injuries, Stay Active and Run Pain-Free. Boulder, CO: Velo Press, 2011.

期刊文章引用

Kerrigan et al. "The Effect of Running Shoes on Lower Extremity Joint." American Academy of Physical Medicine and Rehabilitation 1, December 2009, 1058-63.

Macintyre, J., and D.R. Lloyd-Smith. "Intrinsic Factors in Overuse Running Injuries." In Sports Injuries: Basic Principles of Prevention and Care, edited by Per Renstrom. International Olympic Committee Encyclopedia Series no. 4. Oxford: Blackwell Scientific Publications, 1993: 139-60.

自我激勵和心理學

Mahoney, Kirk. Mental Tricks for Endurance Runners and Walkers. Charleston, SC: CreateSpace, 2010.

Orlick, Terry. In Pursuit of Excellence, 4th Edition. Champaign, IL: Human Kinetics, 2007.

SportMedBC. Runwalk Training Logbook. www.sportmedbc.com, 2011.

營養學

Chuey, Patricia, E. Campbell and M. Waisman. Simply Great Food: 250 Quick, Easy and Delicious Recipes. Toronto: Robert Rose, 2009.

Clark, Nancy. Nancy Clark's Sports Nutrition Guidebook. Champaign, IL: Human Kinetics, 2008.

Clark, Nancy. Nancy Clark's Food Guide for New Runners: Getting it Right from the Start. Aachen, Germnay: Meyer & Meyer Fachverlag und Buchhandel Gmbh, 2009.

Waisman, M. Dietitians of Canada Cook! Toronto: Robert Rose, 2011.

跑步（概論）

Bingham, John. The Courage to Start: A Guide to Running for Your Life.

New York: Simon & Schuster, 1999.

Caron, Marine, and The Sport Medicine Council of British Columbia. Marathon and Half-Marathon: The Beginner's Guide. Vancouver: Greystone Books, 2006.

Caron, Marine, and The Sport Medicine Council of British Columbia. Walking for Fitness: The Beginner's Handbook. Vancouver: Greystone Books, 2007.

Douglas, Scott. The Little Red Book of Running. New York: Skyhorse Publishing, 2011.

McDougall, Christopher. Born to Run: A Hidden Tribe, Superathletes, and the Greatest Race the World Has Never Seen. New York: Random House, 2009.

p.209

Stanton, John. Running. Toronto: Penguin Canada, 2011.

Running the World Series（Blaze Travel Guides ebooks - various）.

肌力與體能訓練

Alter, Michael J. The Science of Flexibility, 3rd ed. Champaign, IL: Human Kinetics, 2004.

Musnick, D., and M. Pierce. Conditioning for Outdoor Fitness: Functional Fitness and Nutrition for Every Body. Seattle: The Mountaineers Books, 2004.

女性健康

Nordahl, K. Fit to Deliver. www.fittodeliver.com, 2000.

Physiotherapy Association of British Columbia. Your Body After Baby: Things to Consider After Having Your Baby. http://classic.bcphysio. org/pdfs/Postpartumflyer.pfd

線上資源
網站
American Dietetic Association

www.eatright.org

Gatorade Sport Science Institute

www.gssiweb.com

The Vegetarian Resource Group

www.vrg.org

Nancy Clark, Sports Nutritionist

www.nancyclarkrd.com

United States Department of Agriculture, Food and Nutrition Information
Center

www.nal.usda.gov/fnic

Runner's World

www.runnersworld.com

Runner's World for Women

www.womens-running.com

SportMedBC

www.sportmedbc.com

線上跑步社群

SportMedBC www.sportmedbc.com
在此你可以找到我們的訓練日誌和給跑者和健走者的最新訓練資源。

Runner's Lounge www.runnerslounge.com

Map my Run www.mapmyrun.com

Tribal Running www.tribalrunning.net

Runner's World www.runnersworld.com

Running Room www.runningroom.com

Nike http://nikerunning.nike.com

New Balance http://www.newbalance.com/live/

跑步應用程式（**Apps**）

RunKeeper（免費）

使用手機裡的GPS追蹤你的健身活動，包括距離、時間、速度、卡路里、心率和行經路線圖。

RunningMap Trackometer，$1.99

追蹤跑步路線和朋友分享，可新增圖片並標示景點。

索引

R

S

重量訓練（weight training）。參見肌力訓練（strength training）

Y

瑜伽（Yoga），112-113

《健身毀了我的身體》
55 個懂了一定不會受傷的健康運動法
宋永圭 著 林侑毅 譯

國家代表選手的運動處方師 ‧ 頂尖健身專家——宋永圭
百萬網友信賴選擇的關鍵指標

本書公開你完全不知道的運動真相，
請先回答下列問題—— **Yes** 或 **No**！

Yes No

☐ ☐ 運動前一定要確實做好伸展操！

☐ ☐ 運動後泡三溫暖或補充營養，能有效恢復體力、消除疲勞。

☐ ☐ 有氧運動最少要超過 30 分鐘，才能燃燒脂肪。

☐ ☐ 走路或跑步時舉啞鈴或綁重力沙包，能提高運動效果。

☐ ☐ 肌力運動是為了強化肌肉，有氧運動是為了減輕體重。

☐ ☐ 肌力運動只會練出滿身肌肉，對女性沒有效果。

☐ ☐ 只要週末運動就可以！

☐ ☐ 局部瘦身，沒有問題！七天瘦肚子，胸部運動可以讓胸部變大！

☐ ☐ 肌肉多，就能變成不易發胖的體質。

☐ ☐ 早上起床運動效果比較顯著！

☐ ☐ 運動量越大，越能增強免疫力，變得更年輕！

☐ ☐ 肌肉越多的人越健康！

☐ ☐ 熱瑜珈等高溫下的運動，可大量排汗，很有效果！

☐ ☐ 倒退走，腰部與膝蓋的疼痛少，效果顯著！

真相是：以上解答，全部 **NO**！！！！！為什麼？？

本書由專業的健身教練告訴你，
唯有把錯誤觀念通通丟掉，才不會毀了你的身體！
55 個最基本的運動真相，讓你提升自我健康，找到活力的正確運動法。

【 已 經 出 版 ， 全 台 熱 賣 中 】

《瘦用一輩子》
減肥是最棒的整型，5 大關鍵造就你一「身」

朴秀喜 著　林文珠 譯

☑本書特選為各種體型準備的八週訓練。
☑本書一眼看透的簡單運動動作，好學好做好健康就可以瘦。
☑本書運動動作增加QR Code影像教學。
☑打造好身材，能夠時髦穿衣，建立自信。
☑減肥撞牆期，朴秀喜教練最能夠明白。

減肥前

健體比賽優勝的照片

我比任何人都清楚
「連喝水都會胖」這句話。
在成為健體女王之前，
我經歷過無數次的錯誤減肥……

朴秀喜說，
世界上最安全的整型方法
就是~~減肥，你一天三分鐘
在鏡子前冷靜觀察自己，記
住，最大的敵人不是背叛，
而是懶惰！

【 2 0 1 3 年 6 月 上 市 ！ 助 你 享 瘦 一 身 ！ 】

國家圖書館出版品預行編目資料

我想開始去跑步：跑步1年級生的13週訓練提案
／伊恩・麥克尼爾・英屬哥倫比亞運動醫學協
會著；王琇瑩譯. ──初版──臺北市：大田，
2013.05
面；公分 . ──（Creative；047）
ISBN 978-986-179-289-7（平裝）
1. 賽跑 2. 運動健康
528.946　　　　　　　　　　　　102005851

Creative 047

我想開始去跑步
跑步1年級生的13週訓練提案

伊恩・麥克尼爾・英屬哥倫比亞運動醫學協會◎著
王琇瑩◎譯

出版者：大田出版有限公司
台北市 10445 中山區中山北路二段 26 巷 2 號 2 樓
E-mail：titan3@ms22.hinet.net
http://www.titan3.com.tw
編輯部專線（02）25621383
傳真（02）25628761
【如果您對本書或本出版公司有任何意見，歡迎來電】
行政院新聞局版台業字第 397 號
法律顧問：甘龍強律師

總編輯：莊培園
主編：蔡鳳儀　副主編：蔡曉玲
企劃主任：李嘉琪
校對：謝惠鈴／蘇淑惠
承製：知己圖書股份有限公司・（04）23581803
初版：2013 年（民 102）五月三十日
定價：新台幣 280 元

總經銷：知己圖書股份有限公司
（台北公司）台北市 106 辛亥路一段 30 號 9 樓
電話：（02）23672044・23672047・傳真：（02）23635741
郵政劃撥：15060393
（台中公司）台中市 407 工業 30 路 1 號
電話：（04）23595819・傳真：（04）23595493

國際書碼：ISBN978-986-179-289-7 / CIP：528.946 / 102005851
Printed in Taiwan

The Beginning Runner's Handbook © Ian MacNeill and the Sport Medicine Council of British Columbia, 2012
First Published by Greystone Books, an imprint of D&M Publishers Inc.
2323 Quebec Street, Suite 201, Vancouver, BC, V5T 4S7, Canada
Complex Chinese language edition published in agreement with Greystone Books, through The Grayhawk Agency.

讀 者 回 函

你可能是各種年齡、各種職業、各種學校、各種收入的代表，
這些社會身分雖然不重要，但是，我們希望在下一本書中也能找到你。

名字／＿＿＿＿＿＿＿＿ 性別／□女 □男　出生／＿＿＿＿年＿＿＿月＿＿＿日

教育程度／

職業：□ 學生□ 教師□ 內勤職員□ 家庭主婦 □ SOHO 族□ 企業主管
　　　□ 服務業□ 製造業□ 醫藥護理□ 軍警□ 資訊業□ 銷售業務
　　　□ 其他＿＿＿＿＿＿＿＿＿＿＿＿＿＿＿＿＿＿＿＿＿＿＿＿＿＿＿

E-mail/＿＿＿＿＿＿＿＿＿＿＿＿＿＿＿＿＿＿ 電話／＿＿＿＿＿＿＿＿＿＿＿

聯絡地址：

你如何發現這本書的？　　書名：我想開始去跑步：跑步 1 年級生的 13 週訓練提案
□書店閒逛時＿＿＿＿＿書店 □不小心在網路書店看到（哪一家網路書店？）＿＿＿＿
□朋友的男朋友(女朋友)灑狗血推薦 □大田電子報或編輯病部落格 □大田 FB 粉絲專頁
□部落格版主推薦 ＿＿＿＿＿＿＿＿＿＿＿＿＿＿＿＿＿＿＿＿＿＿＿＿＿＿＿＿
□其他各種可能 ，是編輯沒想到的＿＿＿＿＿＿＿＿＿＿＿＿＿＿＿＿＿＿＿＿＿

你或許常常愛上新的咖啡廣告、新的偶像明星、新的衣服、新的香水……

但是，你怎麼愛上一本新書的？
□我覺得還滿便宜的啦！ □我被內容感動 □我對本書作家的作品有蒐集癖
□我最喜歡有贈品的書 □老實講「貴出版社」的整體包裝還滿合我意的 □以上皆非
□可能還有其他說法，請告訴我們你的說法
＿＿＿＿＿＿＿＿＿＿＿＿＿＿＿＿＿＿＿＿＿＿＿＿＿＿＿＿＿＿＿＿＿＿＿＿＿

你一定有不同凡響的閱讀嗜好，請告訴我們：
□哲學 □心理學 □宗教 □自然生態 □流行趨勢 □醫療保健 □ 財經企管□ 史地□ 傳記
□ 文學□ 散文□ 原住民 □ 小說□ 親子叢書□ 休閒旅遊□ 其他＿＿＿＿＿＿＿＿＿

你對於紙本書以及電子書一起出版時，你會先選擇購買
□ 紙本書□ 電子書□ 其他＿＿＿＿＿＿＿＿＿＿＿＿＿＿＿＿＿＿＿＿＿＿＿＿＿

如果本書出版電子版，你會購買嗎？
□ 會□ 不會□ 其他＿＿＿＿＿＿＿＿＿＿＿＿＿＿＿＿＿＿＿＿＿＿＿＿＿＿＿＿

你認為電子書有哪些品項讓你想要購買？
□ 純文學小說□ 輕小說□ 圖文書□ 旅遊資訊□ 心理勵志□ 語言學習□ 美容保養
□ 服裝搭配□ 攝影□ 寵物□ 其他 ＿＿＿＿＿＿＿＿＿＿＿＿＿＿＿＿＿＿＿＿

請說出對本書的其他意見：

大田出版有限公司編輯部 感謝您！

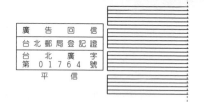

廣　告　回　信
台 北 郵 局 登 記 證
台　北　廣　字
第 0 1 7 6 4 號
平　信

To：**大田出版有限公司　（編輯部）收**

地址：台北市 10445 中山區中山北路二段 26 巷 2 號 2 樓

電話：（02）25621383　傳真：（02）25818761

E-mail：titan3@ms22.hinet.net

From：地址：＿＿＿＿＿＿＿＿＿＿＿＿＿＿＿＿＿＿

　　　　姓名：＿＿＿＿＿＿＿＿＿＿＿＿＿＿＿＿＿＿

＊請沿虛線剪下，對摺裝訂寄回，謝謝！

大田精美小禮物等著你！

只要在回函卡背面留下正確的姓名、E-mail和聯絡地址，
並寄回大田出版社，
你有機會得到大田精美的小禮物！
得獎名單每雙月10日，
將公布於大田出版「編輯病」部落格，
請密切注意！

大田編輯病部落格：http：//titan3pixnet.net/blog/

智　慧　與　美　麗　的　許　諾　之　地